Éditorial

PAR ARNAUD DE LA GRANGE

Les devises militaires, celles qui ornent les frontons des casernes ou les drapeaux des régiments, font parfois sourire. Certaines peuvent paraître grandiloquentes, surannées ou naïves. Pourtant, ces mots peuvent être magnifiques. Ils ne sont jamais creux, comme tant d'autres slogans, mais puisent leurs racines dans la chair et le sang. Surtout, ils sont souvent pleins de sens, résumant en une formule tout un esprit de corps, une philosophie d'action, une histoire.

Il suffit de consulter les maximes de grandes unités commandos et parachutistes pour comprendre l'univers de ces forces si spéciales. Ainsi, celle des fameux SAS britanniques (Special Air Service), « *Who dares wins* », reprise en France par le 1er RPIMa (1er régiment de parachutistes d'infanterie de marine) et son « *Qui ose gagne* ». Ailleurs, ces mots pourraient être suspects de forfanterie. Ici, quand on sait ce que ces hommes ont accompli, ils pèsent leur poids d'or. Il y a aussi ce cri de ralliement du 1st Commando Regiment australien, « *Strike swiftly* » (« frapper vite »), dont l'abrupte concision claque comme un coup de feu…

L'audace et la surprise, le bluff et la chance parfois aussi, ces devises disent tant, presque tout. Ces qualités sans nul doute fascinent. En décuplant les effets de l'action, elles expliquent aussi la place prise dans l'Histoire par les raids audacieux de ces unités de légende. Leurs résultats stratégiques sont souvent sans rapport avec les effectifs engagés, qu'il s'agisse d'une poignée d'hommes ou d'un régiment entier.

L'autre dimension essentielle de ces opérations hors normes est le facteur humain, comme le rappellent deux entretiens inédits, avec le général Benoît Puga, qui fut notamment le chef du Commandement des opérations spéciales (COS), et le général François Lecointre, actuel CEMA (chef d'état-major des armées). À l'heure de la cyberguerre, des drones et des affrontements à distance, les dix récits de cet ouvrage montrent que pour libérer des otages ou neutraliser un chef terroriste, il faudra toujours des hommes. Simplement des hommes, mais les meilleurs. Ils nous enseignent aussi qu'un agglomérat de compétences et de techniques, puisées ici et là, ne remplacera jamais une unité soudée, habituée à s'entraîner et à combattre en bloc. Un groupe humain irrigué par la confiance, le maître-mot pour gagner en efficacité et en rapidité.

La guerre contre le terrorisme a placé les forces spéciales et autres unités d'élite au cœur des dispositifs militaires de ces deux dernières décennies. Pour autant, les récents engagements terrestres, en Afghanistan ou au Sahel, ont aussi montré l'importance cruciale d'unités plus « classiques », performantes et aguerries. Quelle que soit l'évolution de la guerre et des armées qui la font, il y aura toujours la nécessité de ces troupes d'exception. D'hommes qui marchent sur les traces de ceux dont nous vous racontons ici les actions d'éclat. ■

SOMMAIRE

1994
Marignane
Seize minutes en enfer

1978
Kolwezi
La Légion lance un raid

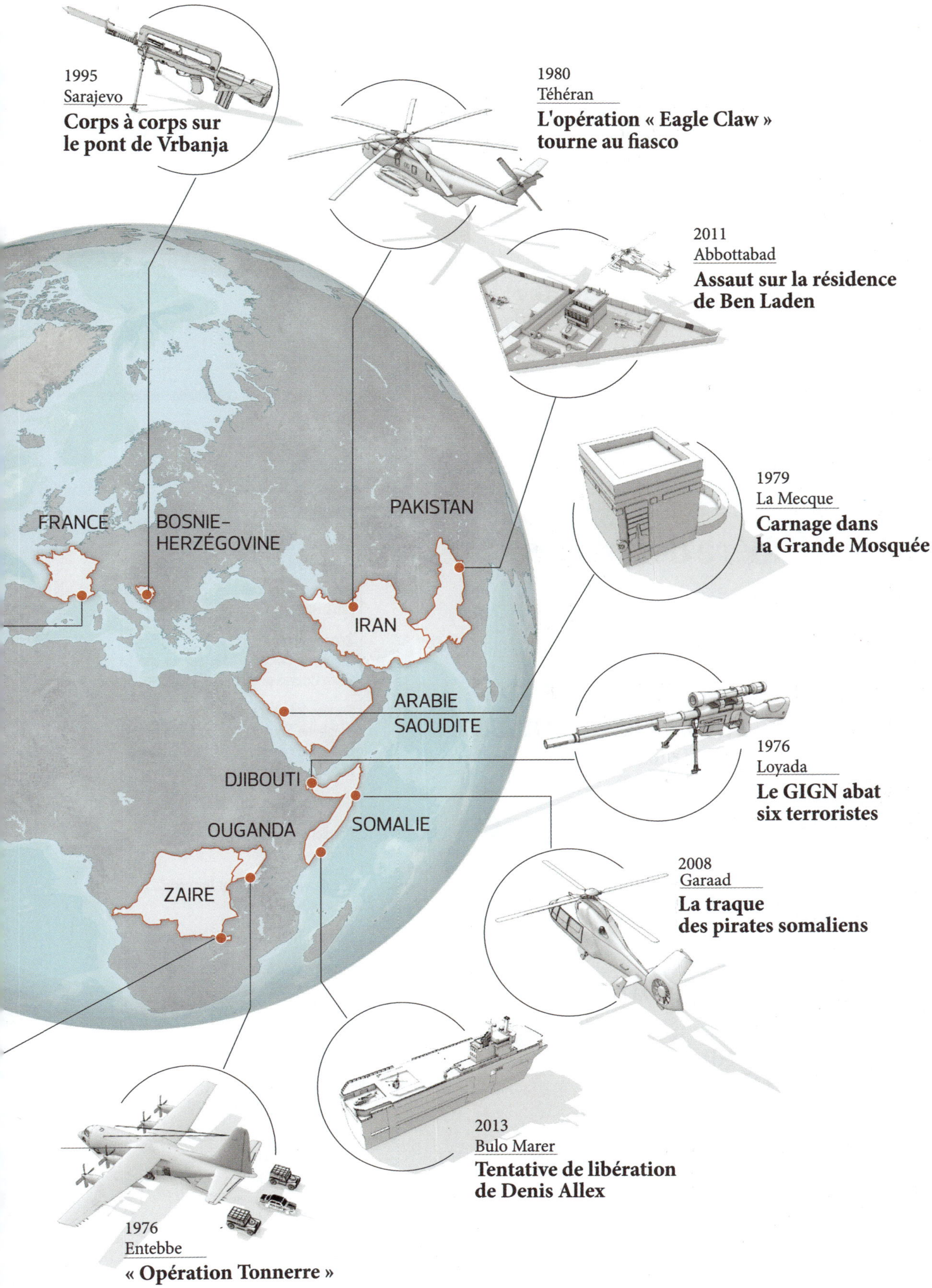
1995
Sarajevo
Corps à corps sur le pont de Vrbanja
1980
Téhéran
L'opération « Eagle Claw » tourne au fiasco
2011
Abbottabad
Assaut sur la résidence de Ben Laden
1979
La Mecque
Carnage dans la Grande Mosquée
1976
Loyada
Le GIGN abat six terroristes
2008
Garaad
La traque des pirates somaliens
2013
Bulo Marer
Tentative de libération de Denis Allex
1976
Entebbe
« Opération Tonnerre »
FRANCE
BOSNIE-HERZÉGOVINE
PAKISTAN
IRAN
ARABIE SAOUDITE
DJIBOUTI
SOMALIE
OUGANDA
ZAIRE

LE FIGARO
14, boulevard Haussmann, 75009 Paris

Directeur général, directeur de la publication:
Marc Feuillée

Directeur des rédactions:
Alexis Brézet

Directeur de la diversification éditoriale:
Pierre Doncieux

Directeur adjoint de la rédaction (International):
Arnaud de La Grange

Rédacteur en chef, coordination éditoriale:
Jean-Marc Gonin

Directrice de l'édition:
Anne Huet

Rédaction en chef édition:
Valérie Maillard

Directeur artistique:
Pierre Bayle

Direction artistique:
Nina Hlacer

Service photo:
Stéphane Correa (rédacteur en chef), Rosa Chevassu et Liliane Miljkovic

Service Infographie:
Stéphane Saulnier (rédacteur en chef), Gildas des Roseaux, Charles Lescurier, Karim Ait Tabet et Jérôme Chissey

Documentation: Sophie Guerrier

Correction-révision:
Nicolas Stanzick

Les services **Édition** et **Imagerie** du «Figaro»

Éditeur: Robert Mergui

Directrice de la communication:
Aurélie Broux

Directeur de la diffusion: Philippe Grinberg

Directeur industriel: Marc Tonkovic

Responsables prépresse:
Alain Penet, Corinne Videau

Responsable de la fabrication:
Emmanuelle Dauer

ISBN: 978-2-8105-0855-6
Achevé d'imprimer en mai 2019 sur les presses de l'imprimerie Pollina, France

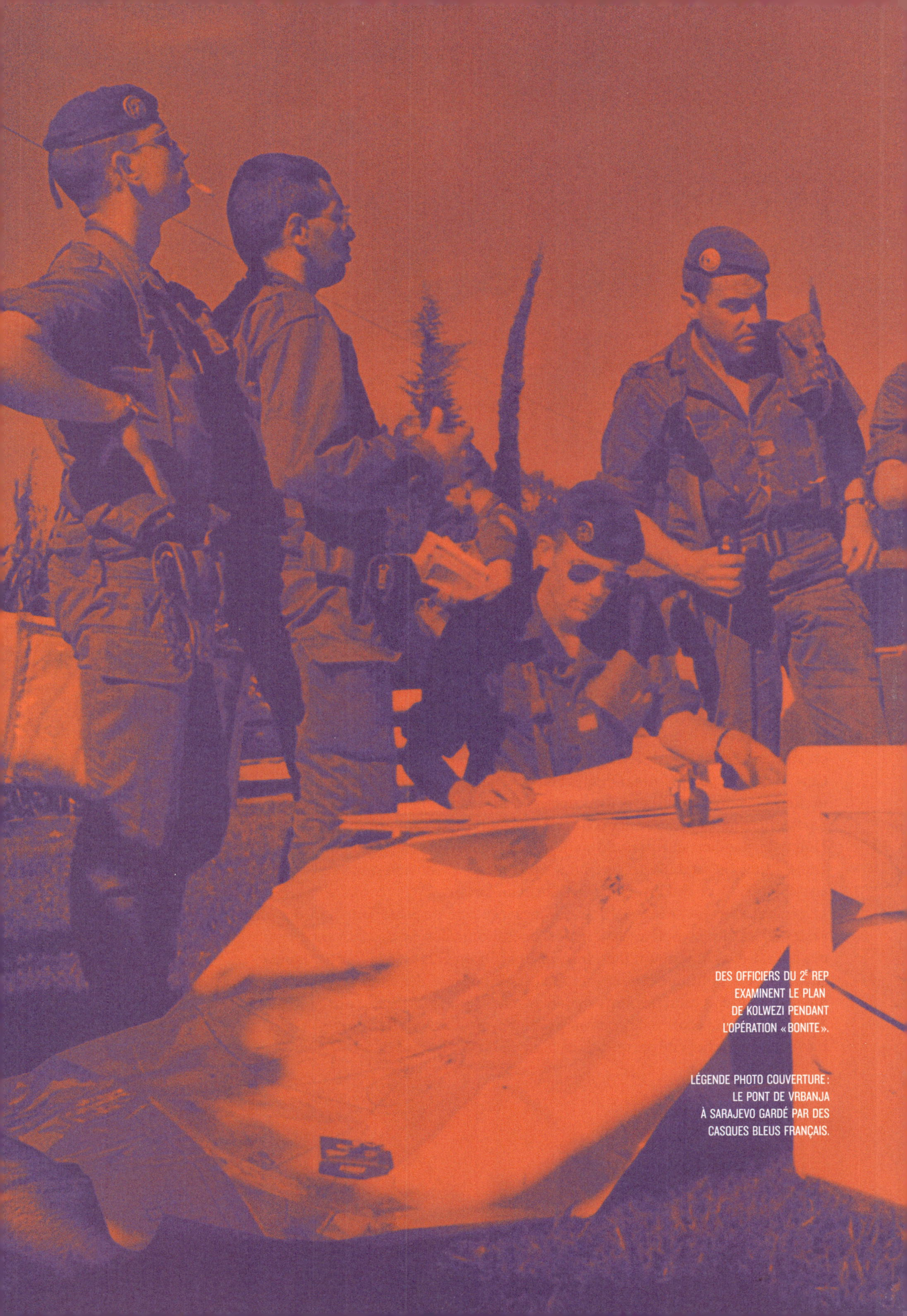

DES OFFICIERS DU 2E REP EXAMINENT LE PLAN DE KOLWEZI PENDANT L'OPÉRATION « BONITE ».

LÉGENDE PHOTO COUVERTURE : LE PONT DE VRBANJA À SARAJEVO GARDÉ PAR DES CASQUES BLEUS FRANÇAIS.

Général Benoît Puga
« Le risque fait partie intégrante d'une opération »

Propos recueillis par Adrien Jaulmes

AUJOURD'HUI grand chancelier de la Légion d'honneur, le général d'armée Benoît Puga a participé à presque toutes les interventions de l'armée française au cours des quarante dernières années. Chef de section de combat au 2e régiment étranger de parachutistes à Kolwezi en 1978, il est commandant de compagnie quand celui-ci est déployé au Liban en 1982, et chef de corps quand il intervient en Centrafrique et au Congo-Brazzaville en 1997. Pendant la crise des Balkans, le général Puga est conseiller militaire de l'envoyé spécial de l'Union européenne, le Suédois Carl Bildt. Chef du Commandement des opérations spéciales (COS), puis du Renseignement militaire, il occupe ensuite la fonction de chef d'état-major particulier sous deux présidents de la République, Nicolas Sarkozy et François Hollande, pendant une période où les forces françaises sont engagées à un rythme inédit dans des opérations complexes et souvent multinationales, en Afghanistan et en Libye, puis au Mali et au Levant.
Le général Puga est l'un des officiers français en activité possédant l'une des plus vastes et des plus complètes expériences opérationnelles. Sa connaissance des opérations contemporaines, françaises et étrangères est à la fois tactique, stratégique et politique ; elle comprend le point de vue des combattants qui les exécutent, celui des états-majors où elles sont planifiées et dirigées, et enfin celui des centres de pouvoir politique, où elles sont décidées. Il évoque en exclusivité ces questions pour ce Figaro Enquêtes. »

LE FIGARO.- Une opération spéciale, au sens où elle produit des effets stratégiques, est une action militaire menée sur ordre du plus haut pouvoir politique. Comment les deux s'articulent-ils ?

Général d'armée Benoît PUGA.- L'axiome de ce type d'opération est qu'une décision ne peut être prise sans en référer au niveau supérieur que lorsque celui qui la prend est capable d'assumer l'entière responsabilité de ses conséquences. Par exemple, le débarquement en Normandie en 1944 est une décision prise au niveau stratégique, c'est-à-dire politique. En revanche, le choix de la plage revient au commandement militaire, qui est capable d'assumer les conséquences de son action. Une décision qui engagerait l'opération tout entière est en revanche du ressort supérieur.

Dans les libérations d'otages, on comprend très bien que la décision est d'abord prise au niveau stratégique, c'est-à-dire par l'autorité politique. En France, c'est le président de la République, qui assume les conséquences de l'action qu'il décide d'accomplir. Ensuite, une fois l'objectif défini par le pouvoir politique, les modalités d'exécution sont du ressort des militaires. Elles ne remontent au niveau politique que dans la mesure où le choix peut avoir des conséquences sur le résultat.

À Kolwezi en 1978, le président Valéry Giscard d'Estaing décide d'agir parce que la sécurité de citoyens français est menacée, ce qui lui donne le droit d'intervenir, et parce que le Zaïre le demande. En ce qui concerne la mise en œuvre, il s'appuie sur deux hommes de confiance, le chef d'état-major particulier, le général Vanbremeersch, et le chef d'état-major des armées, le général Méry.

Tous deux connaissaient personnellement le colonel Erulin, le chef de corps du 2e régiment étranger de parachutistes, stagiaire à l'École de guerre où ils étaient instructeurs, ainsi que le colonel Gras, le chef de la mission d'assistance militaire auprès de l'armée zaïroise. Ils avaient des relations de confiance. Et dans ce type d'opération, les décisions se prennent d'autant mieux quand vous pouvez vous fier à l'appréciation de la situation par les uns et les autres. Quand vous commandez, vous êtes d'autant plus à l'aise que vous connaissez vos subordonnés et que vous avez confiance dans ceux qui vont mettre en œuvre l'action que vous avez définie et décidée.

Cette confiance entre les différents échelons du commandement est donc un facteur clef ?

Oui, la confiance, et des boucles de décision relativement courtes. Il est nécessaire que le processus de décision permette à toutes les parties prenantes d'être bien informées et qu'elles puissent donner leur avis. Il est enfin indispensable que le commandant de l'opération et l'autorité qui prend la décision ultime – en France c'est le président de la République – disposent de toute la vérité. On l'oublie parfois mais il est essentiel d'avoir la vérité sur tout, y compris sur ce qui ne va pas. Il faut savoir si tel ou tel moyen manque, si l'on n'est pas capable d'accomplir telle ou telle action, ou si tel élément ne fonctionne pas. Si l'on omet ou si l'on cache quoi que ce soit, on affecte le processus décisionnel de façon parfois irréparable, et l'on risque de passer à côté d'un facteur susceptible d'affecter le succès de toute l'opération. Lorsqu'en cours d'action, on découvre qu'un élément qui avait été passé sous silence peut faire échouer la mission, il est souvent trop tard. Et ça arrive plus souvent qu'on ne l'imagine.

« Il est indispensable que le commandant de l'opération et l'autorité qui prend la décision ultime (en France, le président de la République) disposent de toute la vérité. »

Une fois prise la décision de lancer une opération, comment procède-t-on à sa planification ?
On commence par envisager toutes les options. Dans le cas d'une prise d'otages, il faut préserver l'effet de surprise. Par exemple pour Kolwezi, on s'est souvenu de l'intervention belge à Stanleyville en 1964. Les parachutistes avaient sauté sur l'aérodrome qui était à 15 kilomètres du centre-ville.

À Kolwezi, nous n'avons pas pu bénéficier de la surprise stratégique. Comme il avait fallu se coordonner avec les Belges, il y eut des fuites dans la presse et l'hypothèse d'une opération aéroportée avait été évoquée. Les rebelles s'étaient alors organisés en conséquence. Néanmoins, l'effet de surprise fut obtenu par le choix d'une zone de saut en limite nord du centre-ville. Les rebelles nous attendant sur l'aéroport, comme à Stanleyville, leur dispositif était tourné vers le Sud, ce qui s'est révélé crucial dans le succès : aucun avion, ni aucun parachutiste sous voile n'ont été touchés, et nous avions quitté la zone de saut quand les premiers tirs précis nous ont directement visés. Le temps que les rebelles réarticulent leur dispositif, il était trop tard.

Le succès peut donc parfois reposer sur une décision prise dès la conception de l'opération ?
Oui. En fait, les principes de la guerre sont restés les mêmes depuis Sun-Tzu : liberté d'action, économie des forces, concentration des efforts, action du fort au faible, surprise, capacité de réserve, etc. Tout reste valable de nos jours. Mais même si l'on respecte à la lettre ces préceptes, la guerre n'est jamais une science exacte. Il est impossible de maîtriser tout ce qui va se passer. C'est la confrontation de deux volontés. Le meilleur soldat du monde, le meilleur commando, s'il se retrouve dans la ligne de tir du moindre ennemi, peut se faire tuer comme n'importe quel soldat.

Justement, comment sélectionne-t-on les soldats à la fois disciplinés et créatifs pour ce genre d'opérations ?
Ces deux qualités sont nécessaires et il faut spécialiser les gens. Nous avons besoin chez nos soldats de tout un éventail de compétences et d'un vaste ensemble de capacités. Croire que tous sont capables de faire les mêmes choses est une erreur. Il faut de tout.

En schématisant, une opération spéciale ressemble au stratagème du cheval de Troie. Les forces spéciales correspondent au groupe qui était caché dans le cheval et qui a ouvert les portes de Troie. Mais ceux qui ont gagné la bataille, qui ont pris la ville, sont les soldats conventionnels qui ont exploité cette ouverture. Ceux qui étaient dans le cheval n'auraient jamais pu y parvenir seuls, ils auraient été massacrés.

En France, la création des unités d'intervention, les FTI, par de Gaulle en 1964 »

« En schématisant, une opération spéciale ressemble au stratagème du cheval de Troie. »

LE GÉNÉRAL D'ARMÉE BENOÎT PUGA À LA GRANDE CHANCELLERIE DE LA LÉGION D'HONNEUR, À PARIS.

EN 2010, AVEC NICOLAS SARKOZY ET LA MINISTRE DES AFFAIRES ÉTRANGÈRES ET EUROPÉENNES, MICHÈLE ALLIOT-MARIE.

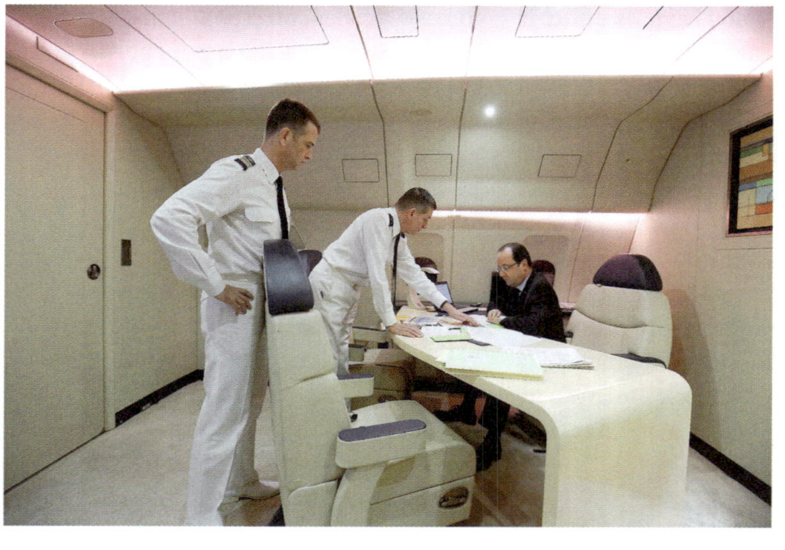

À BORD DE L'AVION PRÉSIDENTIEL, LE GÉNÉRAL PUGA FAIT LE POINT AVEC FRANÇOIS HOLLANDE SUR L'OPÉRATION « SERVAL » AU MALI.

» répondait déjà à ce besoin d'unités spécialisées. Le président de la République a voulu des forces projetables, qui permettaient à la France de respecter les engagements qu'elle prenait dans les régions où elle est implantée, c'est-à-dire dans le monde entier. Ces unités entraînées à la projection pouvaient s'affranchir des distances et des obstacles. Pour agir, il faut en effet des forces entraînées, prêtes matériellement et disponibles.

L'une des priorités des armées est précisément de tout faire pour que les unités d'intervention soient prêtes au combat. Il est aussi aberrant que dangereux de rogner les crédits d'instruction et d'entraînement sous prétexte d'économies.

La qualité de l'armement est-elle aussi essentielle ?

À la guerre, deux choses sont fondamentales. La maîtrise de la technologie est évidemment essentielle aujourd'hui. L'introduction de la cavalerie à cheval ou sous blindage, de l'arc ou du fusil, de la poudre ou l'intensification de lumière, de l'avion ou du satellite ont donné et donnent un énorme avantage à ceux qui les maîtrisent. Aujourd'hui, les drones ou les technologies numériques ouvrent de nouveaux espaces.

Mais plus que les moyens techniques, ce qui compte, c'est d'abord et surtout la force morale, la volonté de se battre. La détermination, le courage, et la connaissance de son métier sont essentiels. Napoléon disait avec raison qu'il n'y a pas pire forfaiture que de faire un métier qu'on ne connaît pas. Il faut connaître son métier et être capable de l'exercer dans les plus mauvaises conditions, car évidemment, la rusticité, c'est-à-dire la capacité d'agir dans des conditions dégradées, fréquentes sur un champ de bataille, reste essentielle.

« La France a fait en sorte (...) de se doter de l'ensemble de la panoplie militaire. Ce qui ne veut pas dire que nous disposons d'un matériel abondant dans tous les domaines. »

Pour en revenir aux choix des matériels et des équipements, ceux-ci doivent être adaptés à ce que l'on veut faire. La France a fait en sorte, tout en étant un pays de taille moyenne, de se doter de l'ensemble de la panoplie militaire. Ce qui ne veut pas dire que nous disposons d'un matériel abondant dans tous les domaines, mais ce dont nous disposons nous garantit une réelle autonomie, dans notre appréciation de situation, et dans notre capacité d'action.

Cette indépendance ne nous empêche pas d'opérer avec des alliés, parce que cela présente souvent de nombreux avantages, mais notre pays est capable d'agir seul. Comme nous l'avons démontré pendant l'opération en Libye, où nous avons agi au tout début de façon totalement autonome. Cette aptitude nous permet aussi d'agir vite. La France a toujours privilégié la stratégie du verre d'eau face à un début d'incendie. Quand le feu se déclare, nous utilisons au plus vite un verre d'eau pour l'éteindre. Plutôt que d'utiliser plus tard des camions de pompiers, on préfère agir avant que les choses ne dégénèrent.

Une fois l'opération lancée, l'échelon politique peut-il et doit-il intervenir ?

Les moyens de télécommunication modernes permettent effectivement d'être en contact en temps réel avec les unités engagées. Cela peut être un risque, comme un avantage. L'avantage est de pouvoir faire circuler l'information beaucoup plus rapidement, et d'éviter les renseignements erronés. C'était l'un des rôles du chef de l'état-major particulier d'informer le président de la réalité des faits, et non pas de la perception de cette réalité. On essaye de décrire le plus précisément possi- »

» ble la situation, d'apporter des éléments d'information vérifiés. Cela permet d'avoir plus vite une vision claire. C'est un changement énorme par rapport à l'époque pas si lointaine de Kolwezi, où l'équipe des transmissions ayant eu un problème avec leurs radios, les communications étaient établies en graphie, relayées au Tchad, puis en Corse jusqu'à Paris.

Mais cet avantage s'accompagne d'un risque : se mêler à distance de la conduite d'une opération, de faire de la microgestion. Des images qu'on voit sur un écran peuvent donner une impression de fausse proximité à l'échelon supérieur, et parallèlement diminuer le sens des responsabilités du commandant sur le terrain. Et parfois conduire l'autorité suprême à donner des ordres sans sentir ce qui se passe en réalité, voire de commettre une grave erreur d'appréciation.

A posteriori, il semble que l'on trouve toujours les raisons du succès ou de l'échec d'une opération militaire. L'un comme l'autre sont-ils prévisibles au moment où elle est lancée ?

On ne peut jamais tout prévoir et le risque fait partie intégrante d'une opération. Avant de sauter sur Kolwezi, nous étions certains de réussir, mais nous pensions subir beaucoup de pertes. Si un avion avait été abattu par exemple, nous aurions perdu plus de 70 parachutistes d'un seul coup. Ce qui n'aurait d'ailleurs pas forcément signifié l'échec mais aurait pu contrarier gravement la rapidité du succès.

Le premier jour du débarquement de Normandie en 1944, il y a eu plus de 5 000 morts. Heureusement, le commandement allié n'a pas fait demi-tour. On apprend de ses échecs. Pour moi, les succès comme les échecs doivent être étudiés pour en tirer des leçons. Même en cas de succès, il ne faut pas se tromper dans ses causes, reconnaître là où on a eu de la chance, ou pas, voir là où on aurait pu être plus efficaces, là où on peut s'améliorer.

« Avant de sauter sur Kolwezi, nous étions certains de réussir, mais nous pensions subir beaucoup de pertes. »

Après avoir occupé les fonctions de chef de l'état-major particulier, je comprends mieux mai 1940. Tout ce qui s'est passé à ce moment-là, les faiblesses humaines, les gens qui ne disent pas la vérité, les difficultés de communication, les disputes, tout cela fut dramatique, mais correspond à la réalité. Il faut en comprendre les raisons. Nombre d'entre elles sont très bien décrites dans *L'Étrange Défaite* de Marc Bloch, ou dans le journal de Roland de Margerie. L'excellence du processus décisionnel actuel provient d'ailleurs largement de la volonté de ses initiateurs d'éviter que 1940 se reproduise. Au début des années 1960, le général de Gaulle a mis sur pied une organisation qui visait à pallier les défaillances de notre système de défense au début de la Seconde Guerre mondiale.

Le meilleur plan peut donc échouer ?

Encore une fois, la guerre n'est pas une science exacte, et la défaite est toujours possible, même si elle n'est jamais certaine. Il existe toujours des impondérables, un grain de sable qui vient gripper les meilleurs plans. De même, des succès peuvent être remportés malgré ces impondérables. Des coups audacieux réussissent.

Les Américains en particulier savent souvent très bien s'adapter aux circonstances et aux dysfonctionnements. Ils réagissent très rapidement pour modifier leurs doctrines lorsque celles-ci induisent des erreurs manifestes.

Le grand échec américain est celui de leur tentative de libération des otages à Téhéran en 1980. Il y eut une accumulation d'incidents et d'événements imprévus qui les ont conduits à

« Le commandant de l'opération sur le terrain reste le plus à même de juger une situation donnée. »

abandonner l'opération. Il n'y eut pas qu'une seule cause mais plusieurs et c'était aussi la première fois que les États-Unis conduisaient depuis la fin de la Seconde Guerre mondiale une telle opération à une aussi longue distance. Il y eut de nombreux dysfonctionnements et les effets néfastes d'un micromanagement à distance. Ils en ont tiré des enseignements notamment dans l'organisation de la chaîne de commandement, et la répartition des rôles.

On dit en France que le terrain a toujours raison, jusqu'à ce qu'en dernier ressort, l'autorité politique reprenne la main, puisque c'est le président de la République qui détient la responsabilité ultime. Cela signifie que le commandant de l'opération sur le terrain reste le plus à même de juger une situation donnée. Une fois l'action engagée, il est très difficile d'intervenir à distance. L'échelon supérieur ne doit le faire, à mon avis, que dans la mesure où les conséquences de l'action sont telles, sur les plan stratégique ou politique, qu'elles dépassent le niveau de responsabilité du commandant sur le terrain.

Ce phénomène avait été conceptualisé en parlant du « caporal stratégique », qui explique comment l'action d'un soldat dans une situation donnée peut avoir des conséquences qui dépassent largement son rôle. Et, a contrario, comment une décision – parfois de détail – prise par le haut commandement sans concertation avec le terrain peut avoir des conséquences sanglantes et irréversibles en bas de la chaîne !

La conception d'une opération est-elle fondamentalement différente selon qu'elle est terrestre, aérienne ou navale, aéroterrestre ou amphibie ?

Non, pas du tout. Ce qui varie ce sont les modalités pratiques. La marine et l'aviation ont des capacités qui rendent plus aisées le changement de « statut » des forces. Il est souvent plus facile et plus rapide de quitter un espace aérien ou des eaux territoriales que d'exfiltrer un détachement déployé au sol. Mais, pour le reste, les risques stratégiques et tactiques sont les mêmes, voire beaucoup plus importants : un bateau coulé ou un aéronef abattu peuvent avoir des conséquences démesurées. Tout est à prendre en compte. Rappelons-nous la mésaventure de marins alliés capturés par les Iraniens à cause d'une prétendue erreur de navigation voici quelques années, ou les images terribles du corps d'un pilote traîné par un véhicule dans une ville africaine.

Comment calcule-t-on les risques et à quel moment décide-t-on de les courir ?

Plusieurs options sont envisagées en fonction du résultat recherché. On réfléchit en termes de risques, d'effet à obtenir, de moyens, de volume de forces engagées, au regard du contexte, de la menace, de l'adversaire, du terrain. Le but est toujours de pro- »

» poser au pouvoir politique un éventail d'options militaires. Par exemple, dans le cas du Mali en 2013, nous pouvions soit arrêter l'avance des terroristes en les empêchant de poursuivre leur progression vers le Sud et vers Bamako ; soit les neutraliser en détruisant leurs lignes avancées ; soit enfin reconquérir toute la zone qu'ils avaient prise. Ce qui est important c'est aussi de penser à ce qui se passe après, aux conséquences de l'action.

Le principal pour le décideur est de savoir à quoi s'attendre et d'anticiper. Avec tels ou tels moyens, peut-on ou non garantir le succès ? Quels sont les risques ? Quelles sont les chances de succès, voire d'échec ? Il est essentiel de dire la vérité et d'avoir l'avis de tous ceux qui sont impliqués et ont à en connaître. La décision peut alors être prise en connaissance de cause.

Quel est le volume idéal pour mener ce genre de préparation et diriger ensuite une opération ?

Il ne faut pas trop de monde, mais il est en revanche important que toutes les parties prenantes soient impliquées et informées. En France, le chef de l'état-major particulier est là pour assurer la jonction entre le pouvoir décisionnel et les armées. Par son biais, les responsables militaires intègrent les contraintes politiques, et les politiques intègrent celles des militaires. Dans le monde actuel, on ne peut jamais séparer les unes et des autres. Les actions militaires ont des conséquences politiques, et vice-versa. Quand, pendant les raids aériens sur la Serbie en 1999, l'ambassade de Chine a été touchée par un bombardement, ce fut un événement militaire qui eut des conséquences politiques très graves. Il y a eu aussi l'affaire des ponts sur le Danube, plusieurs fois pris pour cible. Or tout le monde savait qu'il y aurait un « après-Milosevic », et que tout ce qu'on détruisait devrait être ensuite reconstruit. Il faut garder présent à l'esprit l'imbrication du politique et du militaire. Il est toujours important que le commandement d'une opération et au moins une partie de la chaîne hiérarchique soient imprégnés de ce contexte, que tout le monde ait bien compris ce que l'on veut faire.

L'engouement contemporain pour les forces spéciales et leurs opérations ne risque-t-il pas de diluer leurs compétences et leur spécificité ?

Cette tendance est apparue avec la réduction des budgets. Après l'énorme pression des années de la Guerre froide, la diminution des risques en Europe après la chute du rideau de fer a conduit certains à vouloir encaisser les « dividendes de la paix », selon l'expression consacrée, et de réduire les crédits consacrés à la défense. L'éloignement des menaces a suscité des interrogations sur la pertinence de maintien de forces importantes. L'invasion du Koweït et les guerres des Balkans sont venues en partie contredire cette analyse, mais les budgets et les effectifs ont quand même été considérablement réduits. Et le succès des forces spéciales, succès légitime, parce qu'elles sont indispensables, a bien sûr été exploité par certains, qui ont dit ou cru qu'on était devenus capables de régler tous les conflits avec des effectifs réduits, terrestres, aériens et navals. Malheureusement, ce n'est pas le cas. Si les forces spéciales sont indispensables et nécessaires pour faire face à des situations imprévues ou bien les traiter avant qu'elles ne dégénèrent, on continue à avoir besoin dans tous les domaines d'unités spécialisées et

« Compte tenu des critères de sélection et d'entraînement, on ne peut pas démultiplier ces forces à l'infini. »

complètes pour la protection de nos frontières, de nos espaces aériens et maritimes, et de nos ressortissants. De plus, compte tenu des critères de sélection et d'entraînement, on ne peut pas démultiplier ces forces à l'infini. On ne peut pas avoir une armée de forces spéciales.

Pour vous, quelles sont les opérations contemporaines les plus remarquables ?

En France, on a eu de très belles réussites récentes : la Libye, la Côte d'Ivoire, le Mali. Nos unités sont très bien formées, et nous avons des personnels très dévoués et compétents. À l'étranger, je citerais l'opération d'élimination de Ben Laden : je connais très bien l'amiral Bill McRaven, responsable de cette mission tout à fait exceptionnelle. Il n'y a eu aucune fuite, ce qui en soi est déjà une performance, compte tenu de l'importance du secret pour ce type d'opération. Malgré la chute d'un hélicoptère pendant l'assaut, ce qui aurait pu être gravissime, les responsables de l'opération ont su gérer cette situation et la mener jusqu'au bout.

D'autres pays ont une énorme réputation, ils commettent aussi des erreurs, mais savent très bien les faire oublier. En fin de compte, les problèmes viennent très souvent du commandement. Il y a des gens qui commandent mal et d'autres qui commandent bien. Les erreurs humaines sont malheureusement plus fréquentes que les erreurs de structures. Souvent, ce sont moins les institutions qui ont besoin d'être changées que les personnels qui ont été mal choisis. Parfois, comme on n'ose pas dire que tel responsable n'est pas au niveau, on préfère changer l'organisation. Or, avant de dissoudre une institution, il faut toujours se demander pourquoi elle a été créée. Au cours de ma carrière, plusieurs organismes ont été dissous pour être recréés un peu plus tard sous une autre appellation.

Quels enseignements avez-vous tirés de votre expérience ?

Quand je me suis retrouvé à l'Élysée, je me suis souvenu de la façon dont le président Giscard d'Estaing et son entourage avaient pris la décision de sauter sur Kolwezi. Je savais que mon devoir était à présent de m'assurer que les ordres donnés aux camarades officiers et aux sous-officiers engagés sur le terrain fussent exécutables, et que les risques que le commandement leur faisait prendre fussent assumés et acceptables. Ce qui ne veut pas dire qu'il ne pourrait plus y avoir de morts, car encore une fois, même quand tout est bien pensé, tout anticipé, le risque zéro n'existe pas. Cela signifie que les chefs doivent en toutes circonstances assumer toutes leurs responsabilités. J'ai vu deux présidents de la République assumer les leurs devant les familles de nos soldats morts pour la France. ■

SOMALIE, LE 11 AVRIL 2008

LA LIBÉRATION DU « PONANT »

Par Cyril Hofstein

En avril 2008, au large de la Somalie, des pirates s'emparent d'un luxueux trois-mâts de croisière et prennent ses trente membres d'équipage en otages. Commandos marine et GIGN vont conjuguer leurs efforts pour les sauver et traquer les flibustiers du golfe d'Aden.

Le 28 mars 2008, la saison d'hiver se termine dans l'océan Indien et *Le Ponant*, un trois-mâts de la Compagnie des îles du Ponant, à l'époque filiale de la CMA CGM, appareille des Seychelles pour rejoindre la Méditerranée. À bord de ce voilier de 88 mètres, aucun passager n'a embarqué et seuls trente membres d'équipage, dont vingt-deux sont français, assurent le convoyage. Parmi eux, six femmes. Leur commandant, le capitaine Patrick Marchesseau, 41 ans, est un officier de marine marchande apprécié et rigoureux. Peu disert, calme et posé, l'homme aime passionnément la mer et ne laisse rien au hasard. Construit en 1991, son navire à quatre ponts destiné à la croisière de luxe peut héberger soixante-quatre passagers. Conformément à la réglementation internationale, il est équipé d'un système d'alerte permettant d'envoyer automatiquement un message de détresse en cas de force majeure.

Marchesseau connaît bien les risques de la navigation au large de la Corne de l'Afrique et croise tous feux éteints la nuit pour éviter d'attirer l'attention. Entre le golfe d'Aden et la mer d'Arabie, où se concentre près de 40 % du transport maritime commercial international, l'ONU et l'Union européenne ont déployé des bâtiments de combat, mais la zone reste très dangereuse. Surtout le long des côtes du Puntland, une région autonome hautement inflammable située au nord-est de la Somalie, à 800 km au nord de Mogadiscio, la capitale.

Ici, les clans ont imposé leur loi : la piraterie et les trafics en tous genres y prospèrent. À bord de petits bateaux rapides, des groupes armés tentent régulièrement de s'emparer des navires marchands jusqu'à plus de cent milles nautiques du rivage. Bien organisés, équipés de moyens modernes de communication, les pirates sont organisés en gangs souvent issus de familles de pêcheurs reconverties dans cette nouvelle « mafia des mers ». Certains utilisent des bateaux de taille moyenne qui servent ensuite de base à de plus petites embar- ▸▸

DOUBLE PAGE PRÉCÉDENTE : « LE PONANT » À COUPLE AVEC LA FRÉGATE « JEAN-BART » DE LA MARINE NATIONALE.

La traque des pirates somaliens

Un trois-mâts de croisière battant pavillon français est abordé dans le golfe d'Aden. Le gouvernement français décide d'intervenir.

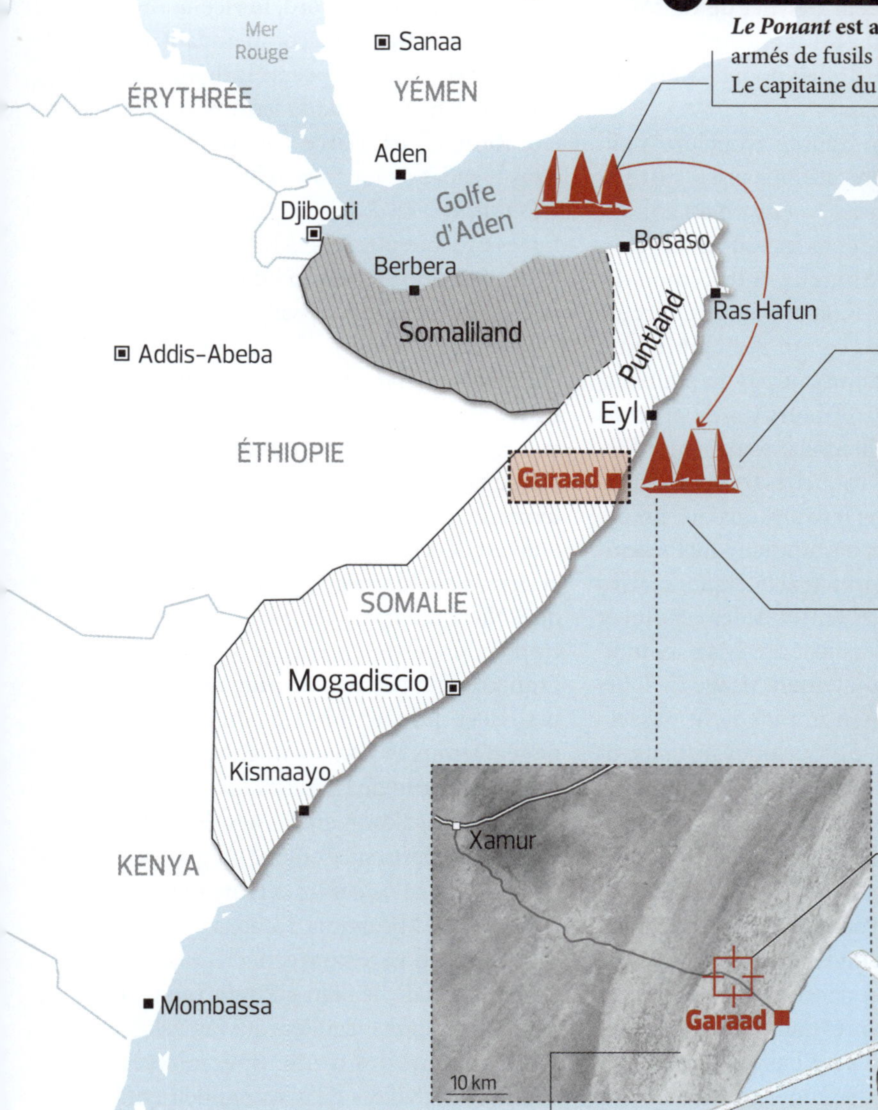

1 **4 avril 2008 à 11 h 15**

***Le Ponant* est abordé par une douzaine de Somaliens** armés de fusils d'assaut AK-47 et de lance-roquettes RPG-7. Le capitaine du voilier émet un appel de détresse.

2 **7 avril**

Le Ponant jette l'ancre au sud du Puntland. **Une cinquantaine de commandos marine et 15 hommes du GIGN** embarquent à bord du *Jean-Bart*, du *Commandant Bouan* et du *Var*.

3 **11 avril**

Trois pirates et trois militaires français se retrouvent sur « un point de remise » en mer. **La rançon est livrée.** Les pirates préviennent leurs camarades restés à bord. **Les otages, tous sains et saufs, sont libérés.**

4 Les pirates gagnent la terre ferme et prennent la fuite en 4x4. Un Panther les poursuit. À son bord **un tireur d'élite, qui coupe le moteur du véhicule d'une seule balle** avec un fusil de précision 12,7 mm McMillan TAC-50.

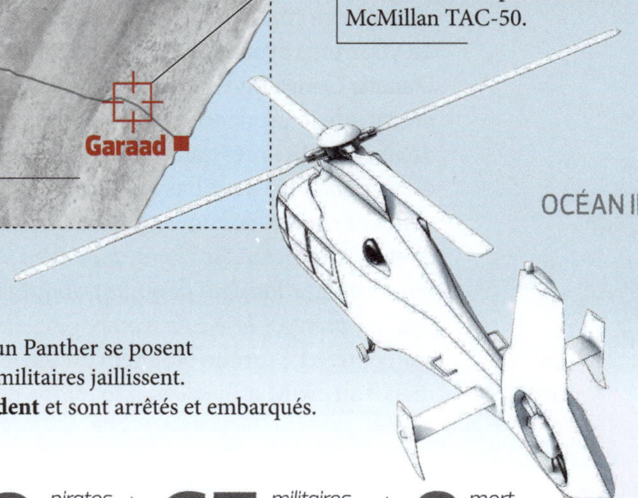

5 Deux Alouette et un Panther se posent face au 4x4. Trois militaires jaillissent. **Les pirates se rendent** et sont arrêtés et embarqués.

30 *otages* | **22** *Français* | **12** *pirates* | **65** *militaires engagés* | **0** *mort*

» cations. Tous disposent de zones de mouillage qu'ils contrôlent en toute impunité. Le cercle est infernal. À chaque capture de navire suivie d'une prise d'otages, la rançon leur permet de renforcer leur armement et d'acquérir des *speed boats* plus sophistiqués pour étendre leur territoire de chasse.

Comme d'autres avant lui et malgré toutes les précautions prises par Patrick Marchesseau, *Le Ponant* est attaqué alors qu'il croise dans les eaux internationales entre la Somalie et le Yémen. Le 4 avril à 11 h 15, après avoir aperçu à quelques milles ce qui ressemble à un chalutier, il est approché par deux embarcations rapides. À leurs bords, une dizaine de Somaliens armés de fusils d'assaut et de lance-roquettes foncent dans sa direction. Dans les minutes qui précèdent l'abordage, le commandant rassemble sur le pont principal quelques marins déterminés pour tenter de les repousser avec des lances à incendie. Mais les pirates font immédiatement usage de leurs armes et prennent rapidement possession du bateau. En quelques instants, ils investissent le pont. Sous l'emprise du khat (une plante cultivée dans la région dont les feuilles mastiquées agissent comme des amphétamines), certains ont les yeux fous et semblent incontrôlables. D'autres ont le doigt crispé sur la queue de détente de leurs armes et aboient des ordres contradictoires dans un anglais mêlé de somali. Tout peut basculer. « *Compte tenu des risques*, se souvient le commandant, *j'ai choisi de cesser immédiatement la lutte. La situation était devenue critique et il fallait protéger la vie de l'équipage coûte que coûte.* » Le sort du bâtiment est scellé, mais Patrick Marchesseau a le temps de lancer un message de détresse, reçu directement par le bâtiment de commandement et de ravitaillement (BCR) *Var*, un navire de la Marine nationale en mission dans la zone. À bord, le vice-amiral d'escadre Gérard Valin, commandant des forces françaises en océan Indien, met immédiatement en alerte les unités de la Combined Task Force 150, déployées dans le cadre de l'opération antiterroriste « *Enduring Freedom* ». Et un navire des forces canadiennes, le HMCS Charlottetown, fait décoller un hélicoptère pour une première reconnaissance.

UNE AFFAIRE D'ÉTAT. À cet instant, les preneurs d'otages n'ont ni demandé de rançon ni fait la moindre déclaration. Personne ne sait s'il s'agit de piraterie ou de terrorisme, mais le détournement du *Ponant* est déjà devenu une affaire d'État. À la demande du président de la République, Nicolas Sarkozy, le plan d'intervention « Pirate-mer » est déclenché par François Fillon, premier ministre, deux heures et quinze minutes après l'abordage. Depuis la prise d'otages en octobre 1985 à bord de l'*Achille Lauro* par un commando palestinien, les armées françaises sont particulièrement préparées à des opérations de contre-terrorisme maritime et de libération d'otages en mer. Planifié par le secrétariat général de la Défense nationale, le plan « Pirate-mer » a fait l'objet d'audits réguliers qui ont validé l'engagement des unités spécialisées comme les chaînes de commandement. Chaque année, des exercices se déroulent en alternance sur la façade atlantique et en Méditerranée, au cours desquels des unités des commandos marine et des gendarmes du GIGN, transportés ou appuyés par des hélicoptères de la marine et de l'armée de terre, ont appris à agir ensemble. « *Les commandos marine font partie des forces spéciales rattachées au Commandement des opérations spéciales*, explique le vice-amiral d'escadre Marin Gillier, ex-commandant de la Force maritime des fusiliers marins et commandos qui dirigea la libération du *Ponant. Ces unités particulièrement efficaces se sont spécialisées depuis les années 1980 dans le contre-terrorisme et la libération d'otages. La coopération avec le GIGN a été définie il y a plusieurs décennies. Dans ces deux forces, se trouvent des spécialistes de haut niveau qui ont des points communs, mais aussi des spécialités. Les commandos marine sont particulièrement qualifiés en matière d'intervention hauturière et d'infiltration discrète à longue distance en mer, alors que le GIGN a une capacité supérieure en négociation. Un savoir-faire qui va se révéler fondamental.* »

Dans l'océan Indien, l'aviso *Commandant Bouan* qui croise à une centaine de nautiques, rallie le trois-mâts en quelques heures. Il ne va plus le quitter. Mais en l'absence de commandos à son bord, le bateau ne dispose d'aucune capacité d'action immédiate. En attendant, d'autres moyens sont mis en œuvre. Un avion de patrouille maritime Atlantique 2 décolle de Djibouti et entame une surveillance discrète et permanente du *Ponant* qui fait route à présent vers Ras Hafun, le long des côtes de la Somalie. Puis le porte-hélicoptère *Jeanne-d'Arc* qui transitait entre Diego Suarez (Madagascar) et Djibouti, est également appelé en renfort. Équipé d'un hôpital de bord et de quatre aéronefs, ce bâtiment est un atout. Car tout est envisagé, même le pire.

À Paris, les réunions interministérielles s'enchaînent. L'état-major particulier du président de la République est sur le pied de guerre. Le général Jean-Louis Georgelin, chef d'état-major des armées, sait que chaque minute compte. Sa priorité est d'éviter à tout prix que l'équipage soit emmené à terre, où il serait alors extrêmement difficile à localiser et à secourir. Une cellule de crise est mise en place au Centre de planification et de conduite des opérations (CPCO), situé sous les bureaux du boulevard Saint-Germain à Paris. En parallèle, un PC opérationnel est installé au siège du GIGN à Satory, précise le général Denis Favier, ex-chef du GIGN et ancien directeur général de la gendarmerie. « *Une dizaine d'officiers et de sous-officiers*, explique-t-il, *suivent la situation 24 heures sur 24 afin de coordonner d'éventuelles actions et de superviser à distance les capacités des unités.* » À Marseille, dans l'hypothèse de plus en plus envisagée d'une demande de rançon, une équipe de négociateurs du GIGN et de la Direction générale de la sécurité extérieure (DGSE) est dépêchée au siège de la CMA CGM. Sur le plan diplomatique, contact est pris avec le président somalien Abdullahi Yusuf Ahmed qui autorise les bâtiments »

La priorité est d'éviter à tout prix que l'équipage soit emmené à terre, où il serait alors extrêmement difficile à localiser et à secourir.

DEVANT LES CÔTES SOMALIENNES, L'AVISO « COMMANDANT BOUAN » DE LA MARINE NATIONALE N'A JAMAIS QUITTÉ DE VUE « LE PONANT » DURANT TOUTE L'AFFAIRE.

« LE PONANT »
PENDANT LA PRISE
D'OTAGES.
ON APERÇOIT QUATRE
PIRATES SOMALIENS
INSTALLÉS SUR
LE PONT SUPÉRIEUR.

LA FRÉGATE
« JEAN-BART »
À COUPLE
DU « PONANT »
À L'ISSUE DE
L'OPÉRATION
COMMANDO.

SAUVÉS,
LES MEMBRES
DE L'ÉQUIPAGE
SONT
TRANSBORDÉS
SUR UN NAVIRE
MILITAIRE.

» français à pénétrer dans ses eaux territoriales et donne son feu vert dans l'éventualité d'un coup de force.

La frégate antiaérienne *Jean-Bart* qui avait quitté Abu Dhabi le 20 mars pour quelques jours d'exercices se dirige à son tour vers *Le Ponant*, entré désormais dans les eaux somaliennes. « *Le 5 avril, l'activité interministérielle est toujours de haute intensité,* se souvient Denis Favier. *La stratégie adoptée est de garder le contrôle de la négociation, tout en accentuant la montée en puissance du dispositif tactique autour du bateau.* » Au siège de la CMA CGM, Rodolphe Saadé, fils de l'armateur et directeur général de la compagnie, est en contact par téléphone satellite avec les preneurs d'otages. Conseillé par les experts du GIGN et aidé de trois interprètes somaliens, il mène de difficiles négociations avec les pirates qui se manifestent plusieurs fois par jour.

Le versement d'une rançon a la préférence de l'armateur. Mais l'Élysée veut jouer sur tous les tableaux et, parallèlement, dessine les contours d'une action militaire concrète. L'opération « Thalathine » (trente en somali, comme le nombre d'otages), baptisée ainsi par l'amiral Gillier, est lancée. Chaque jour, une réunion se tient autour de Nicolas Sarkozy. Le secrétaire général Claude Guéant, l'amiral Guillaud, chef d'état-major particulier, le conseiller diplomatique Jean-David Levitte, le chef d'état-major des armées et les ministères concernés, Défense et Affaires étrangères en priorité, y font le point. Le président a fixé des « *lignes rouges* ». Pas de mise en danger de la vie de l'équipage et intervention immédiate si les pirates essayent de séparer les otages ou de les transférer à terre. Dans la nuit du 6 avril, dix gendarmes du GIGN quittent leur base pour s'envoler vers Djibouti. Puis huit d'entre eux embarquent sur le *Var*.

Lundi 7 avril. *Le Ponant* a fini par jeter l'ancre à 850 km du lieu où il a été attaqué et mouille à un nautique du village de Garaad, au sud du Puntland. Ici, les pirates peuvent réduire les risques d'interception et maintenir un lien solide avec leur base. Les trente membres d'équipage vont bien. Mais une longue et pesante guerre des nerfs a commencé entre les ravisseurs et Patrick Marchesseau qui essaye patiemment d'obtenir de meilleures conditions de vie. En anglais, parlé par seulement deux des pirates, il tente de garder la main. À sa manière : à la fois ferme et accommodante. « *C'était très dur,* se souvient-il. *La nuit, nous étions regroupés dans une salle de réception. Mais le jour, il fallait rester sur le pont supérieur, en plein soleil. Nous avons fini par obtenir le droit de descendre sur un pont mieux abrité. C'était déjà ça.* » Le *Commandant Bouan* maintient un contact radio permanent et Patrick Marchesseau, à l'insu de ses ravisseurs, livre des informations capitales sur la vie à bord et l'organisation des pirates. Le ravitaillement est assuré tant bien que mal par embarcations entre la côte et le trois-mâts. Fébriles, les preneurs d'otages, qui seront jusqu'à dix-huit, effectuent d'incessants allers et retours avec la terre. Plus le temps passe, plus ils dévalisent le navire et débar- »

Sarkozy a fixé des « lignes rouges ». Pas de mise en danger de la vie de l'équipage et intervention immédiate si les pirates essayent de séparer les otages ou de les transférer.

ENFIN EN SÉCURITÉ, LES OTAGES SALUENT LES MARINS DU « JEAN-BART ».

APRÈS AVOIR IMMOBILISÉ LE 4X4 DES PIRATES, LES SOLDATS DESCENDENT DES HÉLICOPTÈRES POUR LES INTERPELLER.

» quent tout ce qui peut être enlevé et réutilisé. Ils font même monter des chèvres dont ils boivent le lait. Le bar est littéralement pillé. L'équipage a finalement reçu des couvertures et peut prendre deux repas par jour. L'accès aux douches et aux cabines, sous escorte, est également obtenu. Mais l'atmosphère est lourde, la situation instable et fragile.

Progressivement, les forces de « Thalathine » se rassemblent autour du *Ponant*, invisibles mais de plus en plus présentes. Une cinquantaine de commandos marine, dont l'amiral Gillier, ainsi qu'une quinzaine d'hommes du GIGN et leur chef, le colonel Denis Favier, sont récupérés en mer après avoir été parachutés, puis embarqués à bord du *Jean-Bart*, du *Commandant Bouan* et du *Var*. Les marins proviennent principalement du commando Hubert, spécialisé dans l'action sous-marine et du commando Jaubert, experts dans l'assaut-mer. Un temps, on envisage de profiter d'une baisse de vigilance des Somaliens pour donner l'assaut. Des nageurs de combat sont envoyés de nuit sous le voilier. Mais le courant est trop violent et un abordage serait trop aléatoire.

Des nageurs de combat sont envoyés de nuit sous le voilier. Mais le courant est trop violent et un abordage serait trop aléatoire.

Le 9 avril, les négociations semblent enfin sur le point d'aboutir. La rançon demandée est passée de 3 millions à 2,15 millions de dollars. L'armateur et les pirates sont tombés d'accord mais les assaillants jouent la montre et restent flous sur la libération des captifs. Opiniâtres, les négociateurs du GIGN reprennent leur travail et rouvrent le dialogue. « *La négociation aura été essentielle dans la résolution de cette crise*, explique le général Favier. *Difficile, complexe et sensible, car soumise à toutes sortes de pressions et à l'équilibre délicat entre intérêts privés et publics, elle s'est déroulée en deux temps. Après avoir appuyé l'armateur à Marseille avec les autres services, le GIGN a déployé une équipe de négociation tactique sur place dans les eaux somaliennes. À partir de cet instant, tout était prêt pour passer à l'action.* »

Le 10 avril, Nicolas Sarkozy reçoit les familles à l'Élysée et transfère la suite de l'opération à la cellule de crise. Pilotée en direct depuis le *Jean-Bart*, la remise de la rançon doit avoir lieu le lendemain. Le 11 avril au matin, en pleine mer, deux négociateurs du GIGN et un commando marine présentés comme des agents de la CMA CGM, remettent à trois pirates, trois sacs contenant chacun 21 500 coupures de 100 dollars, soit 2 150 000 dollars. « *Au cours de la transaction*, raconte Denis Favier, *les prisonniers sont libérés progressivement. Mais Patrick Marchesseau est resté à bord sous la menace. À cet instant, la tension monte. Toujours plus nerveux, les Somaliens s'impatientent. Ils ne veulent pas relâcher leur dernier atout avant d'avoir récupéré la totalité de l'argent. Les militaires sentent que leur mission peut être compromise à tout moment.* »

Puis la pression retombe aussi vite qu'elle était montée : le commandant du *Ponant*, enfin autorisé à quitter le bord, se jette à l'eau. Sains et saufs, les trente membres de l'équipage rallient le *Jean-Bart* où ils reçoivent soins et assistance avant d'être débriefés. Les pirates, eux, ont rejoint la côte, attendus par des

4x4. Ils se divisent en plusieurs groupes. La première phase de l'opération « Thalathine », baptisée « Liberté », est terminée. La seconde, « Hôtel Plus », commence. Renseignées par l'Atlantique 2 qui patrouille dans les airs, les unités de l'amiral Gillier suivent à la trace les pirates et tentent de les repérer dans Garaad. Très vite, le véhicule qui a servi à récupérer la rançon est repéré à environ dix kilomètres au nord du village qu'il a quitté à vive allure. Mais l'avion de surveillance est victime d'une panne et ne peut plus le traquer. Six hélicoptères sont alors déployés : trois Alouette III, le Panther du *Jean-Bart* et deux Gazelle de l'armée de terre équipées de missiles antichars. Les commandos marine sont prêts. À bord du Panther, un tireur d'élite vise le moteur du 4x4 qui s'arrête net. Une seule balle a suffi. Un des passagers est légèrement blessé. Le seul de toute l'intervention. Après un second tir de sommation, les cinq autres occupants de la voiture, âgés de 25 à 40 ans, se rendent. Les Alouette III et le Panther se posent, rotor tournant. Trois militaires en descendent et plaquent les prisonniers au sol. Mains ligotées dans le dos, ils sont embarqués et transférés sur le *Jean-Bart* et la frégate *Surcouf*. « Post-reprise », la troisième phase de « Thalathine » est terminée.

Le 14 avril les ex-otages sont héliportés vers Djibouti avant d'être rapatriés à bord d'un Airbus militaire. En début de soirée ils sont accueillis à Orly par le chef de l'État et les représentants de l'armateur. Au bout de longues journées d'angoisse, les familles retrouvent leurs proches sous le regard des caméras tenues à distance. Au bras de son épouse Vanessa, Patrick Marchesseau est le premier à s'avancer vers la presse. Spontanément, il rend hommage à Ingrid Betancourt, alors retenue par les FARC en Colombie, en lui souhaitant « *de connaître un jour, le même heureux dénouement* ». Puis, il dit encore quelques mots et s'efface pour laisser la parole à son second.

À bord du Panther, un tireur d'élite vise le moteur du 4x4 qui s'arrête net. Une seule balle a suffi.

Transférés en France avec l'accord des autorités somaliennes le 16 avril, les pirates, mis en examen pour « *détournement de navire [...] arrestation et séquestration en vue d'obtenir une rançon en bande organisée* », sont incarcérés dans deux prisons de la région parisienne en attendant leur procès. Bien que leurs avocats tentent de plaider la détention hors de tout cadre légal, entre leur interpellation le 11 avril sur le territoire somalien et leur placement en garde à vue cinq jours plus tard, la Cour de cassation valide les poursuites. Après une longue instruction, la cour d'assises de Paris rend son verdict le 14 juin 2012. Deux des accusés sont acquittés, le chauffeur du véhicule est condamné à quatre ans de prison. Mais, ayant déjà purgé sa peine pendant la détention provisoire, il retrouve la liberté. Deux autres hommes qui reconnaissent avoir « *ravitaillé les pirates* » reçoivent une peine de sept années d'emprisonnement. Quant au dernier, qui avoué sa participation à l'ensemble de l'affaire, il écope de dix ans de réclusion. Sur le montant total de la rançon, seuls 200 000 dollars ont été récupérés. Le reste n'a jamais été retrouvé. ■

Analyse parue dans « Le Figaro » du 3 octobre 2008

Golfe d'Aden : la chasse aux pirates s'organise

Par Tanguy Berthemet

International

Golfe d'Aden : la chasse aux pirates s'organise

L'odyssée du *MV Faina* ne semble jamais devoir finir. L'arraisonnement de ce cargo ukrainien au large de la Somalie a sonné la mobilisation de la communauté internationale contre la piraterie dans l'océan Indien. Ce n'est pas tant le sort de la Somalie, du navire ou de ses vingt et un marins qui la préoccupe que celui de la cargaison composée, selon l'armateur, de trente-trois chars T-72, de pièces détachées, « *d'une quantité substantielle de munitions* » et de lance-grenades.
La prise de cet arsenal et le mouillage du bâtiment ukrainien au large du Puntland, une zone semi-autonome de la Somalie en partie sous contrôle des islamistes, ont aiguisé les inquiétudes. Washington a immédiatement dépêché six navires de guerre, dont le destroyer USS Howard, pour surveiller le *MV Faina* et éviter tout débarquement de la cargaison.
La France, dont deux navires, *Le Ponant* et le *Carré d'as*, ont été victimes cette année d'abordages sauvages, entend maintenant agir sur le fond. Dans les jours prochains, Paris devrait déposer un projet de résolution au Conseil de sécurité de l'ONU pour créer une force navale d'escorte pour les cargos croisant dans le golfe d'Aden, le terrain de chasse favori des pirates. Plusieurs pays, notamment l'Espagne, l'Italie et l'Allemagne, se sont dits prêts à participer à cette flotte qui pourrait être placée

sous commandement européen. La Grande-Bretagne, dont les bâtiments sont déjà surexploités, a réservé sa réponse, en souhaitant une participation des États-Unis à l'armada. Une option à laquelle la France n'est pas hostile. « *On peut espérer qu'il y ait aussi des moyens de l'Alliance atlantique et notamment des moyens américains* », a souligné le ministre français de la Défense, Hervé Morin.

« *L'idée est de former des convois avec des bâtiments d'escortes pour décourager les pirates. Ce qu'il faut avant tout, c'est agir très vite* », explique un diplomate français.

Car la piraterie augmente dangereusement. Les attaques s'enchaînent à un rythme étonnant. Deux raids et une tentative ont été enregistrés au cours des dix derniers jours. Risk Intelligence, une société danoise spécialisée dans la sécurité maritime, dénombre 374 marins pris en otages lors du seul mois d'août. On n'en avait compté que 292 au cours de toute l'année 2007. La France, sans vraiment l'avouer, espère également que la future force servira à mieux contrôler les cargaisons des navires traversant le golfe d'Aden.

L'assaut sur le *MV Faina* a jeté une lumière crue sur les trafics dans la région. La destination finale de la cargaison fait l'objet d'une intense polémique. Officiellement les tanks, attendus dans le port de Mombasa, devaient moderniser l'armée kenyane. Nairobi comme Ukrspetsexport, une société d'État ukrainienne, l'ont plusieurs fois confirmé. Mais cette version simple est ouvertement mise en doute par la Marine américaine. Les services secrets occidentaux s'étonnent également de cet achat de chars de conception russe pour lesquels le Kenya n'a aucune expertise. Pour l'US Navy, les T-72 devaient en fait être livrés au Sud-Soudan. Certes, la vente d'armes à cette région semi-autonome n'est pas explicitement proscrite par l'ONU. Seule l'Union européenne l'interdit. « *C'est un dossier gênant pour Kiev au moment où l'Ukraine négocie un rapprochement avec l'Union européenne* », souligne un diplomate.

De nombreux experts doutent qu'une flotte européenne puisse mettre un terme aux trafics ou même à la piraterie. Dans un rapport publié en octobre, Chatham House, un groupe de réflexion britannique, estime que des navires en convoi, mal protégés, pourraient même faciliter la tâche des ruffians des mers. L'organisation souligne que les bandes armées ont, ces derniers temps, fait montre de leur capacité d'adaptation et qu'elles pourraient, une fois encore, surprendre.

Un temps amateurs, les pirates somaliens sont désormais de très adroits professionnels. Le choix soigneux de leurs cibles et leur mode opératoire parfaitement rodé le démontrent. Les sommes colossales rapportées par les raids, entre 18 et 20 millions de dollars cette année, assurent aux chefs une motivation sans faille de leurs troupes. Dans ce pays, ravagé par dix-sept ans de guerre civile et d'une pauvreté sans limite, les opportunités sont, il est vrai, rares.

« *Cet argent sert aussi à alimenter la guerre qui permet aux pirates d'agir sans risque, donc de gagner plus d'argent* », détaille un spécialiste de la Somalie. Un cercle vicieux qui ne pourra être brisé qu'à la condition de trouver une solution à la question somalienne dans son ensemble. ■

PAKISTAN, LE 2 MAI 2011

LA MORT D'OUSSAMA BEN LADEN

Par Isabelle Lasserre

**Barack Obama s'était juré de le retrouver.
Près de dix ans après la destruction du World Trade Center, les forces spéciales de l'US Navy, au prix d'un périlleux raid d'hélicoptères, ont éliminé le créateur d'al-Qaida dans une villa du Pakistan.**

Il est environ 1 heure du matin ce lundi 2 mai 2011 quand commence l'opération « *Neptune Spear* » (« Lance de Neptune »). Par une nuit chaude et sans lune, deux hélicoptères Black Hawk et deux Chinook d'appui en provenance d'Afghanistan traversent en rase-motte les premiers contreforts de l'Himalaya puis volent, tous feux éteints, au-dessus des plaines du Pendjab. Équipés de GPS préprogrammés et de lunettes à vision nocturne, menaçants comme des bourdons géants, ils foncent directement sur leur cible, qu'ils atteindront après 1 h 30 de vol : une grosse maison blanche carrée d'Abbottabad, une ville de garnison à cinquante kilomètres au nord d'Islamabad, la capitale du Pakistan. Rendus furtifs par leur technologie modifiée destinée à masquer le bruit, la chaleur et le mouvement, ils réussissent l'exploit de pénétrer dans l'espace aérien pakistanais sans être repérés par son système de défense. À l'intérieur, des héros comme l'Amérique les aime : trente-trois Navy SEALs de la *team 6*, les forces spéciales de la Marine, les troupes d'élite de l'armée américaine. Des hommes au mental d'acier et au physique d'athlète, capables de franchir toutes les limites et réservés pour les missions les plus risquées et les plus délicates. Celles dont on ne peut être sûr de revenir indemne. Celles, aussi, qui nécessitent l'approbation directe du président américain. Les SEALs ont une devise, popularisée dans les années 2 000 par Jack Bauer dans la série américaine *24 heures* : « *L'échec n'est pas une option* ». Cette mission, tous en avaient sans doute rêvé depuis de longues années. Avant qu'enfin arrive le moment fatidique de neutraliser Oussama Ben Laden, l'ennemi public numéro un de l'Amérique, celui qui a décapité ses fières tours new-yorkaises, qui a voulu briser le Pentagone et qui défie les États-Unis depuis le 11 septembre 2001 en déjouant toutes leurs tentatives de le capturer. ▸▸

DOUBLE PAGE PRÉCÉDENTE : LES BADAUDS ATTROUPÉS AUTOUR DE LA MAISON DE BEN LADEN APRÈS L'OPÉRATION AMÉRICAINE.

PAKISTAN

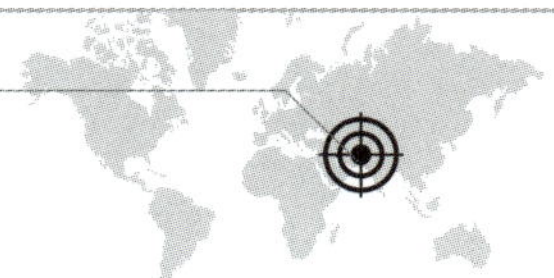

L'assaut de la résidence de Ben Laden

Après des années de traque, le chef d'al-Qaida est abattu par les forces spéciales américaines dans sa retraite fortifiée à Abbottabad.

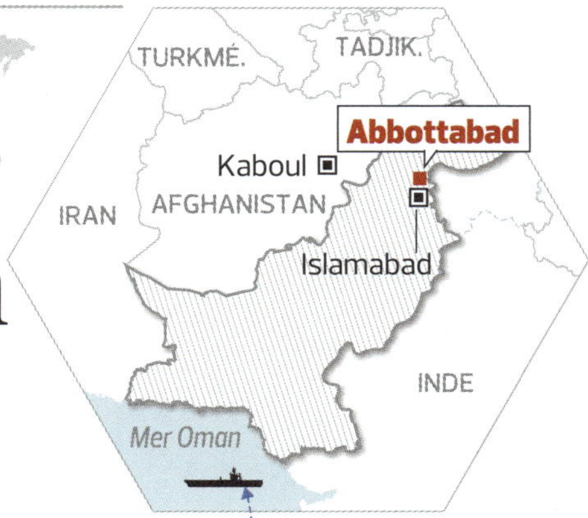

1 Après avoir « filé » son messager, à l'été 2010, **la CIA localise Ben Laden** à Abbottabad.

2 **Nuit du 2 mai 2011**
Deux hélicotères furtifs **Black Hawk**, avec 33 **commandos** à bord, décollent de Jalalabad, appuyés par deux hélicoptères lourds **Chinook**.

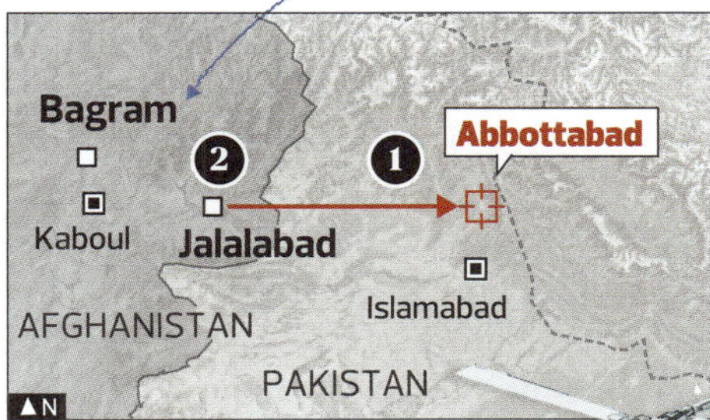

8 Après son identification à Bagram, **la dépouille du chef d'al-Qaida est immergée en mer** depuis le porte-avions *Carl Vinson*.

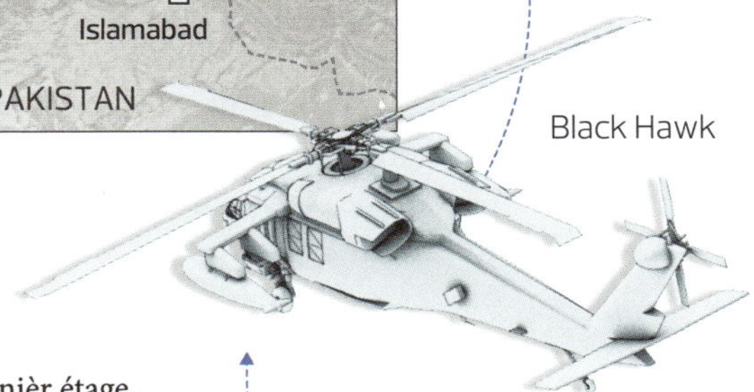

3 Arrivé au-dessus de la cible, **un Black Hawk percute un mur** d'enceinte du bâtiment. Les Navy SEALS indemnes poursuivent la mission.

Arrivés au dernièr étage, **les SEALS abattent Ben Laden** d'une balle dans la tête.

7 **Son corps** est chargé dans le Black Hawk toujours opérationnel. Le commando se replie dans les Chinook, emportant de **nombreux documents**.

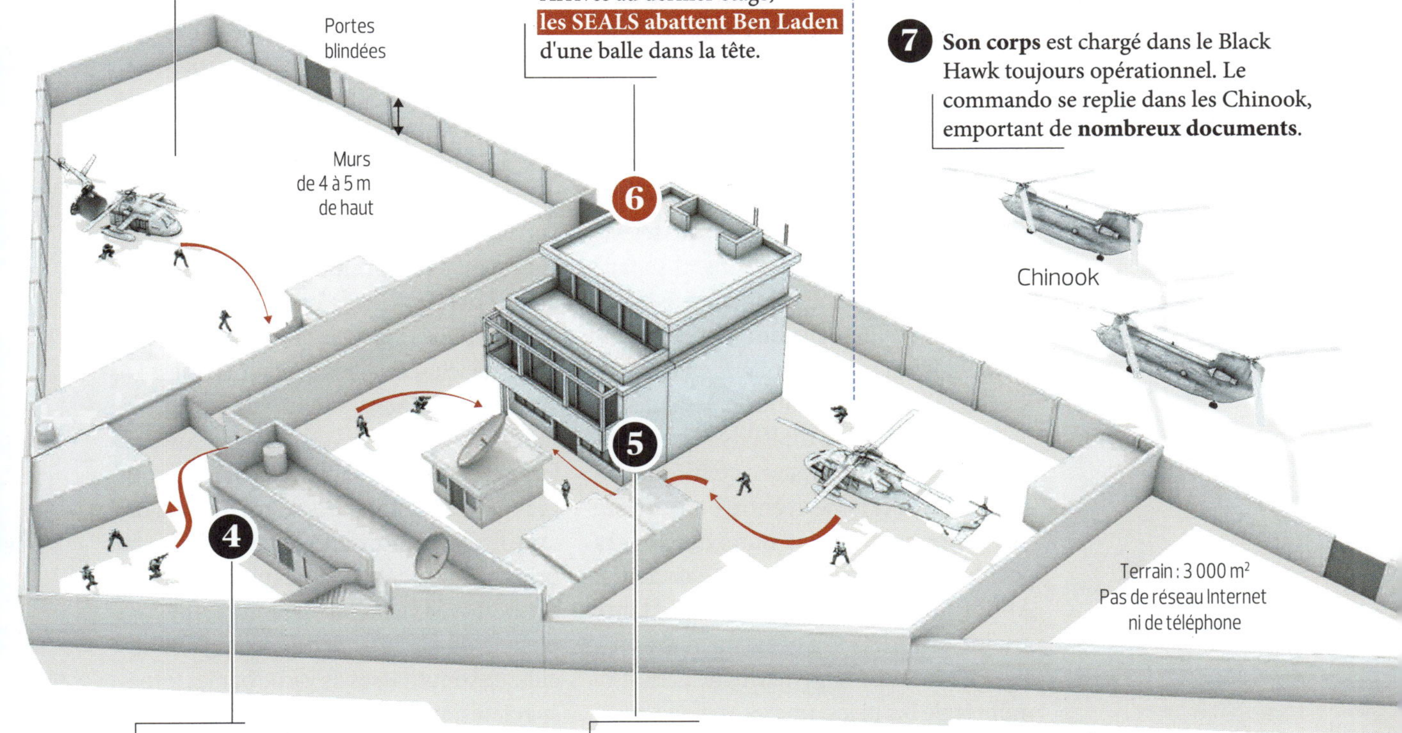

Un premier groupe **sécurise l'annexe** en tuant le messager Ahmed al-Kuwaiti.

Un deuxième groupe **infiltre le bâtiment principal.** Le frère d'Ahmed al-Kuwaiti est tué au rez-de-chaussée, ainsi que l'un des fils de Ben Laden dans l'escalier.

33 *commandos américains*

5 *personnes tuées*

40 *minutes : durée du raid*

54 *ans : âge de Ben Laden en 2011*

» Deux jours avant la chute de Kaboul en novembre 2001, il avait fui les bombardements américains pour se réfugier, avec plusieurs centaines de combattants, à Tora Bora, un nom exotique trompeur évoquant plutôt le soleil et la Polynésie mais désignant en fait un massif montagneux austère et rugueux proche de la frontière pakistanaise. Un repaire de grottes glaciales et de souterrains aveugles que Ben Laden connaît bien pour l'avoir déjà utilisé pendant la guerre contre l'Armée rouge. Entre l'Afghanistan et le Pakistan, la frontière tracée par les Britanniques n'a jamais existé pour les tribus pachtounes situées de part et d'autre de la ligne Durand. Le terrorisme a toujours tiré profit de la porosité de ces régions où l'identité pachtoune prédomine. C'est l'une des raisons pour lesquelles les Américains, qui ont sous-estimé le rôle du Pakistan dans l'actualité islamiste et talibane de l'Afghanistan, ont échoué dans la région malgré un investissement militaire considérable.

TRENTE-HUIT MINUTES. Exfiltré par un commando vers les zones tribales pakistanaises, le terroriste le plus connu du monde, dont la longue barbe teintée de poivre et sel s'affiche sur tous les écrans de télévision, échappe aux Américains. Il se faufile à travers ces zones montagneuses qui se dérobent à l'autorité de l'État et où foisonnent les talibans. Pendant quatre ans, il se terre, avec ses femmes et ses enfants, dans plusieurs villes du Pakistan, notamment dans la dangereuse cité frontalière de Peshawar et à Swat, autre base arrière des talibans, hébergé dans des foyers pachtounes. Depuis 2005, il se cachait à Abbottabad, au troisième étage d'une grande propriété sans charme mais protégée de murs de cinq mètres de haut surmontés de barbelés, tout près d'une prestigieuse académie militaire abritant trois régiments de l'armée pakistanaise. Surveillé ? Ou protégé ?

À Washington, les responsables américains, notamment Barack Obama et le patron de la CIA, Leon Panetta, suivent l'opération en direct, grâce aux images fournies par les drones. Pour chasser le stress, le président américain s'est offert quelques trous de golf avant le déclenchement du raid. Pendant trente-huit minutes, ils ne décolleront pas leurs yeux des écrans et garderont le souffle court. L'imprévu accompagne toujours une opération militaire. Mais celui qui s'abat sur l'un des quatre Black Hawk partis à l'assaut de Ben Laden dans la nuit noire aurait pu faire capoter l'intervention. Gêné par le souffle des rotors qui cogne contre les murs de la cour intérieure, le pilote perd le contrôle de l'appareil, qui percute l'enceinte extérieure de la résidence et s'immobilise contre le mur, branlant dangereusement, obligeant les hommes, avec un sang-froid remarquable, à sauter par terre deux mètres plus bas. L'incident contraint le deuxième hélicoptère à renoncer à son projet initial, atterrir sur le toit du bâtiment, pour se poser dans un champ voisin. Le crash a éventé l'effet de surprise sur lequel comptaient les forces spéciales. Le dispositif est perturbé. Mais aucun des SEALs ne cède à la panique. L'adaptabilité et la résistance au stress sont deux de leurs qualités fondamentales. La suite s'enchaîne rapidement. Devant la maison d'hôtes, Abu Ahmed al-Kuwaiti, l'émissaire de Ben Laden, et son frère sont tués par les commandos avant de pouvoir faire feu. La porte d'entrée de la résidence principale est détruite à l'explosif. La cour est nettoyée. Les habitants réveillés en pleine nuit par le bruit de l'hélicoptère accidenté sont chassés de la rue par les forces spéciales, un chien et un interprète déguisé en policier pakistanais. Dans la bâtisse principale, les portes blindées installées à l'entrée et entre chaque étage sont pulvérisées les unes après les autres. Entre le premier et le deuxième, l'un des fils de Ben Laden, Khalid, âgé de 23 ans et armé d'un AK47, est abattu. Au troisième étage, deux des femmes de Ben Laden se mettent à hurler en arabe. Le terroriste le plus recherché de la planète, celui qui depuis 1998 a déclaré la guerre *« aux juifs et aux croisés »* s'avance doucement dans l'ombre, dans l'encoignure de sa chambre. Désarmé, mais suffisamment menaçant pour convaincre les commandos de tirer selon la première partie de la consigne donnée par la Maison-Blanche : *« Mort ou vif »*. La première balle s'enfonce dans sa poitrine tandis que l'autre le frappe juste au-dessous de l'œil gauche. Le chef d'al-Qaida, vieilli et dont la longue barbe est teinte, est secoué de spasmes avant d'expirer. *« Au nom de Dieu et du pays, Geronimo, Geronimo, Geronimo. Ennemi tué dans l'action ! »*, s'exclame le SEAL qui l'a abattu. À Washington, Barack Obama soupire. *« On l'a eu »*, commente-t-il solennellement. Avant d'ajouter, à l'adresse des commandos : *« Je ne serai heureux que lorsque ces gars seront hors de danger »*.

EXFILTRATION ÉCLAIR. À Abbottabad, les commandos font le ménage. Le corps sans vie de Ben Laden est enfermé dans un sac et chargé dans l'un des hélicoptères. Ses affaires ramassées dans des sacs en plastique : CD, DVD, disques durs et même films pornographiques... Elles révéleront que Ben Laden était resté plus engagé dans les activités opérationnelles que ne le pensaient les services américains. Toujours obsédé par les États-Unis, il avait travaillé sur un projet d'attentat visant Barack Obama et le général David Petraeus, ancien chef des troupes de l'Otan en Afghanistan. Il conseillait également aux membres d'al-Qaida d'attaquer les trains et de commettre des *« attentats spectaculaires »* contre des grandes villes américaines, notamment Los Angeles.

Après avoir détruit le Black Hawk endommagé afin de le rendre inutilisable et laissé les femmes et les enfants Ben Laden sur place, les héros des forces spéciales s'envolent et retournent en Afghanistan, où ils atterrissent vers 3 heures du matin. Le corps de l'ennemi numéro un sera jeté dans la mer d'Arabie depuis le porte-avions américain *Carl Vinson*. Allongé sur une planche, il est basculé dans les eaux et disparaît à jamais. L'administration américaine a ainsi voulu éviter qu'une sépulture ne devienne à terme un lieu de pèlerinage pour ses partisans, voire un site de recrutement pour futurs djihadistes. L'incinération étant contraire à l'islam, l'immersion en mer permettait de supprimer une bonne fois pour toutes la réalité physique de Ben Laden. Ainsi finit, dans les eaux de l'océan Indien, la chasse à l'homme la plus gigantesque de l'histoire contemporaine.

Le terroriste le plus recherché de la planète, celui qui depuis 1998 a déclaré la guerre « aux juifs et aux croisés », s'avance doucement dans l'ombre, dans l'encoignure de sa chambre.

Un assaut de nuit, mené dans un pays étranger, en terrain hostile, avec une exfiltration éclair. Une opération sauvée malgré un accident d'hélicoptère. Un secret gardé pendant des mois. Aucune perte humaine du côté américain. Rarement raid militaire fut aussi osé et réussi. *« Pénétrer dans un pays sans son consentement est un acte particulièrement* ▸▸

L'AVIS DE RECHERCHE DIFFUSÉ PAR LE FBI DÈS L'ÉTÉ 1999 ET RÉÉDITÉ EN NOVEMBRE 2001.

FBI TEN MOST WANTED FUGITIVE

MURDER OF U.S. NATIONALS OUTSIDE THE UNITED STATES; CONSPIRACY TO MURDER U.S. NATIONALS OUTSIDE THE UNITED STATES; ATTACK ON A FEDERAL FACILITY RESULTING IN DEATH

USAMA BIN LADEN

Date of Photograph Unknown

Aliases: Usama Bin Muhammad Bin Ladin, Shaykh Usama Bin Ladin, the Prince, the Emir, Abu Abdallah, Mujahid Shaykh, Hajj, the Director

DESCRIPTION

Date of Birth:	1957	**Hair:**	Brown
Place of Birth:	Saudi Arabia	**Eyes:**	Brown
Height:	6' 4" to 6' 6"	**Complexion:**	Olive
Weight:	Approximately 160 pounds	**Sex:**	Male
Build:	Thin	**Nationality:**	Saudi Arabian
Occupation:	Unknown		
Remarks:	Bin Laden is the leader of a terrorist organization known as Al-Qaeda, "The Base." He is left-handed and walks with a cane.		

CAUTION

USAMA BIN LADEN IS WANTED IN CONNECTION WITH THE AUGUST 7, 1998, BOMBINGS OF THE UNITED STATES EMBASSIES IN DAR ES SALAAM, TANZANIA, AND NAIROBI, KENYA. THESE ATTACKS KILLED OVER 200 PEOPLE. IN ADDITION, BIN LADEN IS A SUSPECT IN OTHER TERRORIST ATTACKS THROUGHOUT THE WORLD.

CONSIDERED ARMED AND EXTREMELY DANGEROUS

IF YOU HAVE ANY INFORMATION CONCERNING THIS PERSON, PLEASE CONTACT YOUR LOCAL FBI OFFICE OR THE NEAREST U.S. EMBASSY OR CONSULATE.

REWARD

The Rewards For Justice Program, United States Department of State, is offering a reward of up to $25 million for information leading directly to the apprehension or conviction of Usama Bin Laden. An additional $2 million is being offered through a program developed and funded by the Airline Pilots Association and the Air Transport Association.

www.fbi.gov

June 1999
Poster Revised November 2001

ENTOURÉ DU VICE-PRÉSIDENT JOE BIDEN, DE HILLARY CLINTON ET DU CONSEIL DE SÉCURITÉ NATIONALE, BARACK OBAMA SUIT L'OPÉRATION EN DIRECT.

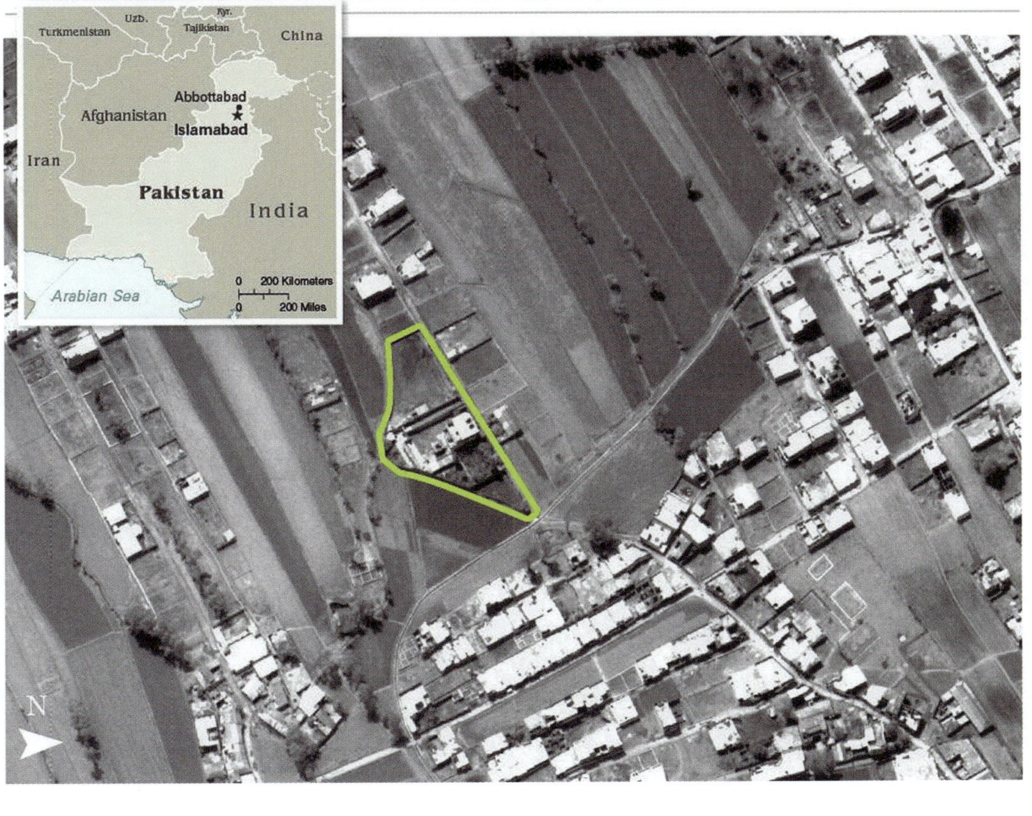

LA VILLA ENTOURÉE D'UN HAUT MUR EN LISIÈRE D'ABBOTTABAD OÙ VIVAIT BEN LADEN, REPÉRÉE SUR UNE PHOTO SATELLITE.

OUSSAMA BEN LADEN, EN 2001,
LORS D'UNE INTERVIEW AVEC
UN JOURNALISTE PAKISTANAIS
DANS UNE VILLA PROCHE DE KABOUL.

» *audacieux. Agir dans une zone aussi peuplée qu'Abbottabad* (1 million d'habitants, ndlr) *était aussi un pari risqué. Il fallait être extrêmement rapide, y compris dans le bouclage de la zone* », explique Michel Goya, ancien colonel des troupes de marine. Ce type d'intervention délicate n'a pourtant pas toujours laissé que de bons souvenirs aux Américains. En avril 1980, l'opération « *Eagle Claw* » (« Serre d'aigle » - voir pages 98 à 109), qui visait à secourir les cinquante-trois otages retenus dans l'ambassade américaine à Téhéran par des étudiants islamistes, se solda par un fiasco. Trop complexe, perturbée par des problèmes techniques et par des tempêtes de sable, l'intervention fut interrompue après une désastreuse collision dans le désert et la mort de huit militaires américains appartenant à la force Delta, les troupes d'élite américaines. « *Le moins qu'on puisse dire, c'est que les forces spéciales américaines ont fait des progrès depuis !* », poursuit Michel Goya, spécialiste de l'analyse militaire et de l'histoire des conflits. Mené conjointement par les commandos des SEALs et la CIA, le raid contre Ben Laden a atteint son but sans provoquer de pertes américaines. Il est aussi une réussite du renseignement, surtout humain, et de la coopération exemplaire entre services militaires et civils. Il doit enfin beaucoup au génie militaire de l'amiral William McRaven, l'ancien patron des SEALs, celui qui a conçu « *Neptune Spear* » et dirigé l'opération. Elle restera dans les annales, en partie grâce à lui, comme l'une des plus spectaculaires de l'histoire du renseignement américain.

Il faut dire que l'opération avait été très bien préparée. Depuis sa fuite au Pakistan en novembre 2001, un service entier de la CIA était dédié à la seule recherche de Ben Laden. Mais c'est seulement de longues années plus tard qu'une piste sérieuse apparaît avec le pseudonyme d'un émissaire de Ben Laden, divulgué par un ancien prisonnier au cours d'un interrogatoire. Selon l'histoire officielle, rendue mythique par le thriller de Kathryn Bigelow, *Zero Dark Thirty*, qui retrace la longue traque de Ben Laden jusqu'à son élimination, c'est une analyste de la CIA qui a patiemment rassemblé les différentes pièces du puzzle, resserrant peu à peu l'étau autour de l'ancien chef d'al-Qaida. En 2010, après avoir identifié et suivi à la trace le courrier de Ben Laden, Abu Ahmed al-Kuwaiti, qui conduisait un 4x4 blanc avec un rhinocéros peint sur la roue de secours, elle acquiert la certitude que le responsable des attentats du World Trade Center se cache à Abbottabad. Pendant de longues semaines, les espions américains planquent autour la propriété, qui n'est équipée ni d'Internet ni de téléphone, dont sort et entre régulièrement le 4x4. Ils observent les mystérieux habitants des lieux qui brûlent leurs ordures au lieu de les faire enlever. Ils constatent que l'homme du troisième étage, contrairement aux autres, ne sort jamais du *compound*. C'est sur lui que la CIA concentre son attention.

« Agir dans une zone aussi peuplée qu'Abbottabad était un pari risqué. Il fallait être extrêmement rapide, y compris dans le bouclage de la zone. »

L'opération militaire est préparée à partir de janvier 2011. Les forces armées et les services de renseignement ne lésinent pas sur les moyens. Une » réplique exacte de l'enceinte d'Abbottabad est même bâtie en Caroline du Nord, à Fort Bragg, le creuset des forces spéciales américaines, pour permettre aux troupes d'élites de s'entraîner. L'assaut a été répété cent fois par les commandos de la Marine, y compris en présence de responsables américains. C'est Barack Obama qui a personnellement tranché entre les différents scénarios d'intervention proposés par les états-majors militaires. Celui qui consistait à mener des frappes aériennes est rapidement abandonné : pour détruire complètement la propriété mais aussi pénétrer d'éventuels bunkers souterrains, il aurait fallu, selon les calculs, plus de trente-deux bombes guidées de 1 000 kg chacune. Trop lourd, trop bruyant, trop destructeur pour une opération dans un pays étranger. La deuxième solution – creuser un tunnel sous la résidence – est elle aussi rejetée, la zone se révélant inondable. Malgré les mauvais souvenirs de 1980, le président américain se résigne donc au raid aérien. Méfiant vis-à-vis du double jeu pakistanais, il décide aussi d'agir sans informer Islamabad.

Il l'avait promis en 2008, un mois avant son élection : « *Nous tuerons Ben Laden. Nous détruirons al-Qaida. Cela doit être notre plus grande priorité de sécurité nationale* ». En 2009, le nouveau président, à peine installé à la Maison-Blanche, demande au patron de la CIA, Leon Panetta, d'intensifier les recherches contre Ben Laden. Décision audacieuse, le raid qui a mené à la mort de l'ancien chef d'al-Qaida sera le plus grand succès de politique internationale de Barack Obama, dont le bilan à l'étranger a souvent été critiqué, notamment en Syrie. Cette victoire symbolique, même si elle est restée sans effet durable sur l'activité des groupes djihadistes, permettra au président américain de réaliser une autre de ses promesses électorales, le retrait des troupes d'Afghanistan. Quelques semaines seulement après l'élimination de Ben Laden, Barack Obama a annoncé le calendrier de repli des forces. L'opération a aussi boosté la confiance dans les capacités des militaires américains. Elle a également, en théorie en tout cas, établi un précédent qui autorise à l'avenir les États-Unis à mener des raids unilatéraux de ce type, à pénétrer dans d'autres pays via leur espace aérien, si la mission est jugée juste par les citoyens américains. L'amiral McRaven le reconnaîtra volontiers plus tard : « *À l'époque, au moment où l'action se déroulait, nous n'en percevions pas l'importance historique* ».

Ils constatent que l'homme du troisième étage, contrairement aux autres, ne sort jamais du « compound ». C'est sur lui que la CIA concentre son attention.

« PRISONNIER » DES RENSEIGNEMENTS. Les opérations secrètes favorisent toujours l'éclosion de théories de la conspiration et les interprétations contradictoires. Il existe une autre version de la traque et de la mort de Ben Laden, écrite en 2015 par Seymour Hersh, le plus célèbre et le plus controversé des journalistes d'investigation américains. Si personne à Washington n'a jamais nié que Ben Laden a sans doute été caché et protégé par les autorités pakistanaises et notamment par ses services de renseignement, l'ISI, spécialistes du double jeu et des opérations troubles, Seymour Hersh va plus loin. Au terme de son enquête, il affirme que l'ennemi public numéro un était sous surveillance des Pakistanais depuis sa fuite de Tora Bora. Prisonnier, en quelque sorte, de leurs services de renseignements. Selon le journaliste américain, les responsables militaires pakistanais auraient été prévenus de l'opération des forces spéciales américaines. À l'en croire, c'est un officier de renseignement pakistanais qui aurait dévoilé sa planque à la CIA en échange d'une récompense de 25 millions de dollars. Des gardes de l'ISI auraient d'ailleurs été postés autour du complexe d'Abbottabad avant de se retirer à l'arrivée des hélicoptères. C'est un officier de liaison des services pakistanais, affirme Hersh, qui aurait guidé les forces spéciales dans la maison. D'ailleurs, poursuit le journaliste, l'électricité avait fort à propos été coupée dans la ville... Habitué à douter de toutes les versions officielles, même celles qui tiennent la route et sont corroborées par de nombreuses sources, le journaliste américain en vient même à remettre en cause l'immersion du corps de Ben Laden dans la mer. Pour lui, l'opération « Lance de Neptune » n'est qu'un « *théâtre politique* » destiné à redorer le blason de Barack Obama en matière militaire. La version de Seymour Hersh a toujours été contestée par la plupart des experts. Mais de nombreuses questions sont restées sans réponse, notamment l'implication éventuelle des services secrets pakistanais dans l'opération et, avant cela, le degré de soutien qu'ils ont fourni pour aider à la dissimulation de Ben Laden. Elles attendront, comme beaucoup d'autres affaires, que les archives des forces spéciales soient déclassifiées.

En attendant, Ben Laden n'a pas englouti avec lui dans les eaux de l'océan Indien l'héritage idéologique d'al-Qaida. Déstabilisée par la mort de son chef, l'organisation n'a pas disparu pour autant. Ni le nom des Ben Laden dans la sphère du terrorisme islamiste. Ainsi, le département d'État américain a promis le 28 février 2019 une récompense d'un million de dollars pour toute information permettant d'identifier ou de localiser Hamza Ben Laden, le « *fils préféré* » du terroriste, qu'il destinait à la poursuite du djihad mondial anti-occidental. C'est en tout cas ce qu'ont révélé des documents rédigés de la main du responsable des attentats contre le World Trade Center saisis à Abbottabad. Parmi la vingtaine d'enfants de Ben Laden, Hamza aurait été désigné comme son successeur. La trentaine, celui que certains surnomment « *le prince héritier du djihad* » serait devenu, selon les Américains, l'un des dirigeants clés d'al-Qaida. Depuis 2015, il publie régulièrement des messages audio et vidéo, menaçant de lancer des attaques contre les États-Unis pour venger la mort de son père. Il serait plus précisément à la tête du groupe Ansar al-Furqan, qui attire en Syrie les combattants d'al-Qaida et de l'État islamique. La fin de l'hégémonie de Daech, qui avait marginalisé al-Qaida dans cette région, pourrait, en créant un vide, favoriser la réémergence, sous une appellation ou sous une autre, des anciens cadres et de l'idéologie d'al-Qaida. À cet égard, les Américains craignent que le fils de Ben Laden insuffle une nouvelle dynamique au réseau terroriste, toujours influent dans différentes parties du globe. Nul ne sait s'il se trouve aujourd'hui en Afghanistan ou en Iran, où il aurait épousé en 2007 la fille d'un pilote des attentats du 11 septembre 2001... ■

Les opérations secrètes favorisent toujours l'éclosion de théories de la conspiration et les interprétations contradictoires.

Enquête parue dans « Le Figaro » du 4 mai 2011

LES ARCHIVES DU FIGARO

La légende des Navy SEALs

Par Isabelle Lasserre

Officiellement, ils n'existent pas. Les hommes de la SEAL Team Six, la sixième équipe des Navy SEALs, l'élite de l'élite des forces spéciales américaines, ont changé de nom en 2010, mais le public ne connaît pas leur nouvel acronyme. La règle qu'ils observent au combat tient en ces deux mots : « *L'efficacité, c'est le silence* ». Le visage de ces hommes hors du commun qui vivent dans la clandestinité, leur identité et la nature des missions qu'ils mènent au nom de leur pays sont toujours entourés du plus grand secret. Ce sont eux qui ont débarrassé l'Amérique de Ben Laden dimanche dernier. Entre 40 et 79 commandos marines, équipés de lunettes de vision nocturne, sont descendus en rappel de deux hélicoptères, dans le noir, alors que l'aube pointait, afin d'encercler la résidence de Ben Laden à Abbottabad. (…) Même quand elles réussissent,

2 recto verso
La légende des Navy Seals
Dimanche, quelques dizaines de ces 2300 soldats de l'ombre, les meilleurs

leurs missions ne donnent jamais lieu à la moindre effusion publique – de leur part en tout cas. Après l'opération commando parfaitement maîtrisée, sans doute la plus importante pour les États-Unis depuis des années, lancée contre l'homme le plus recherché de la planète au Pakistan, c'est tout juste si le chef des Navy SEALs, l'amiral Edward Winters, s'est fendu d'un discret message de félicitations envoyé par mail à ses hommes, assorti d'un conseil de précaution : « *Soyez extrêmement prudents en ce qui concerne la sécurité des opérations… La bataille n'est pas terminée* ». SEAL comme *Sea, Air* et *Land.* Les commandos marines américains sont les meilleures forces spéciales du monde, 2 300 guerriers au mental d'acier et au physique d'athlète, à l'aise sur tous les terrains, même si l'eau est leur élément naturel – « *seal* » veut aussi dire « phoque » –, que la nation mobilise en temps de guerre ou d'incertitude, pour effectuer les missions les plus risquées et les plus délicates. Celles qui revêtent une importance stratégique pour les États-Unis. Le domaine de ces hommes, ce sont les milieux hostiles. Et leur moyen d'expression, l'action directe. Initialement spécialisés dans les assauts depuis la mer et dans les opérations de reconnaissance, ils ont aussi dû apprendre à libérer des otages, à détruire des sous-marins et des navires, à capturer des chefs de guerre. Comme leurs collègues de la Force Delta, une unité antiterroriste secrète de l'armée américaine, qui, officiellement, n'a pas davantage

de visage que la Team Six, les SEALs sont chapeautés par le Joint Special Operations Command (JSOC), qui supervise les opérations spéciales.
Les Navy SEALs, et particulièrement son unité d'élite, la Team Six, dont les missions nécessitent l'approbation directe du président américain, sont capables de passer plusieurs jours en immersion dans l'eau froide. Ils peuvent s'enterrer dans les sables du désert en respirant par une paille, se faire héliporter en pleine nuit dans un environnement hostile. Massifs, rapides, surentraînés, ils peuvent combattre à mains nues et survivre dans des conditions climatiques extrêmes en puisant dans leur seule force mentale. « *Les SEALs sont persuadés d'être invincibles* », expliquait au *Figaro* Marcus Luttrell, unique survivant d'une équipe de SEALs tombée dans une embuscade tendue par une centaine de talibans dans l'est de l'Afghanistan en 2005, alors qu'elle essayait de capturer l'un des chefs de l'insurrection. Leur origine remonte à la Seconde Guerre mondiale : il était alors nécessaire de former des troupes capables de prendre pied avec succès sur les plages du débarquement en Normandie et en Afrique du Nord. Les commandos marines, eux, ont été créés par John Kennedy en 1962. Ils ont souvent mené des attaques de nuit dans les camps viêt-congs. Quant aux Navy SEALs proprement dits, ils sont nés en 1987, à la suite de la tentative de sauvetage des otages de l'ambassade américaine de Téhéran sept ans plus tôt. L'échec avait révélé les lacunes des capacités antiterroristes américaines. Depuis, les SEALs sont devenus le fer de lance du dispositif renseignement-action américain. Ils ont la même devise que le héros de la série télévisée culte *24 heures*, Jack Bauer : « *Failure is not an option* » (« L'échec n'est pas une option »). (...) Entrer dans le saint des saints des forces spéciales américaines, n'est pourtant pas chose facile. 80 % des candidats n'arrivent pas au bout des six mois de sélection physique et mentale. (...) La « *semaine en enfer* », qui consiste à pousser les élèves au bout de leurs capacités en les privant de sommeil – six ou sept heures seulement en une semaine – et en les contraignant à un entraînement physique intense de vingt heures par jour, est particulièrement redoutée. (...) Mais leur efficacité a été prouvée, et cette fois aux yeux du public, à Abbottabad. (...) Depuis leur création, les SEALs ont été de tous les combats. Ils ont participé à l'invasion américaine de Panama en 1989, puis à l'opération « Bouclier du désert » pendant la première guerre du Golfe. Ils ont traqué les criminels de guerre en Bosnie. L'équipe Six a aussi collaboré à l'invasion de l'île de la Grenade par les États-Unis, l'opération « *Urgent Fury* ». Les commandos marines ont fait la Somalie et le Yémen. En Irak, ils ont à ce point travaillé main dans la main avec les agences de renseignements américaines qu'on les surnomme parfois depuis la « *garde prétorienne de la CIA* ».
Mais depuis que George Bush a déclenché la « *guerre contre le terrorisme* » après les attentats contre le World Trade Center, l'Afghanistan est devenu le terrain de prédilection des SEALs, qui se sont spécialisés dans la chasse aux talibans, des deux côtés de la frontière avec le Pakistan. En octobre 2001, le premier officier américain à avoir posé un pied sur le sol afghan fut d'ailleurs un SEAL. Héros inconnus du grand public, les commandos marines sont d'ailleurs nombreux à avoir perdu la vie dans ce pays hostile, en chassant les chefs talibans ou en tentant de mettre la main sur des cibles désignées afin de leur soutirer des renseignements. En 2006, ils avaient déjà mené des raids dans les zones tribales du Pakistan. (...) La résidence de Ben Laden, une fois repérée au Pakistan, aurait même été reproduite sur la base américaine de Bagram, en Afghanistan, pour que les Navy SEALs s'y entraînent avant de lancer pour de vrai leur raid à Abbottabad. Cette mission, Marcus Luttrell, le survivant d'Afghanistan qui s'était confié au *Figaro*, trop sérieusement blessé pour pouvoir repartir en mission, en avait souvent rêvé. Il disait : « *Pour venger le 11 Septembre 2001 et assurer la paix et la sécurité au Texas, si j'avais croisé Ben Laden sur mon chemin, rien ne m'aurait empêché de buter cet enfoiré.* » ■

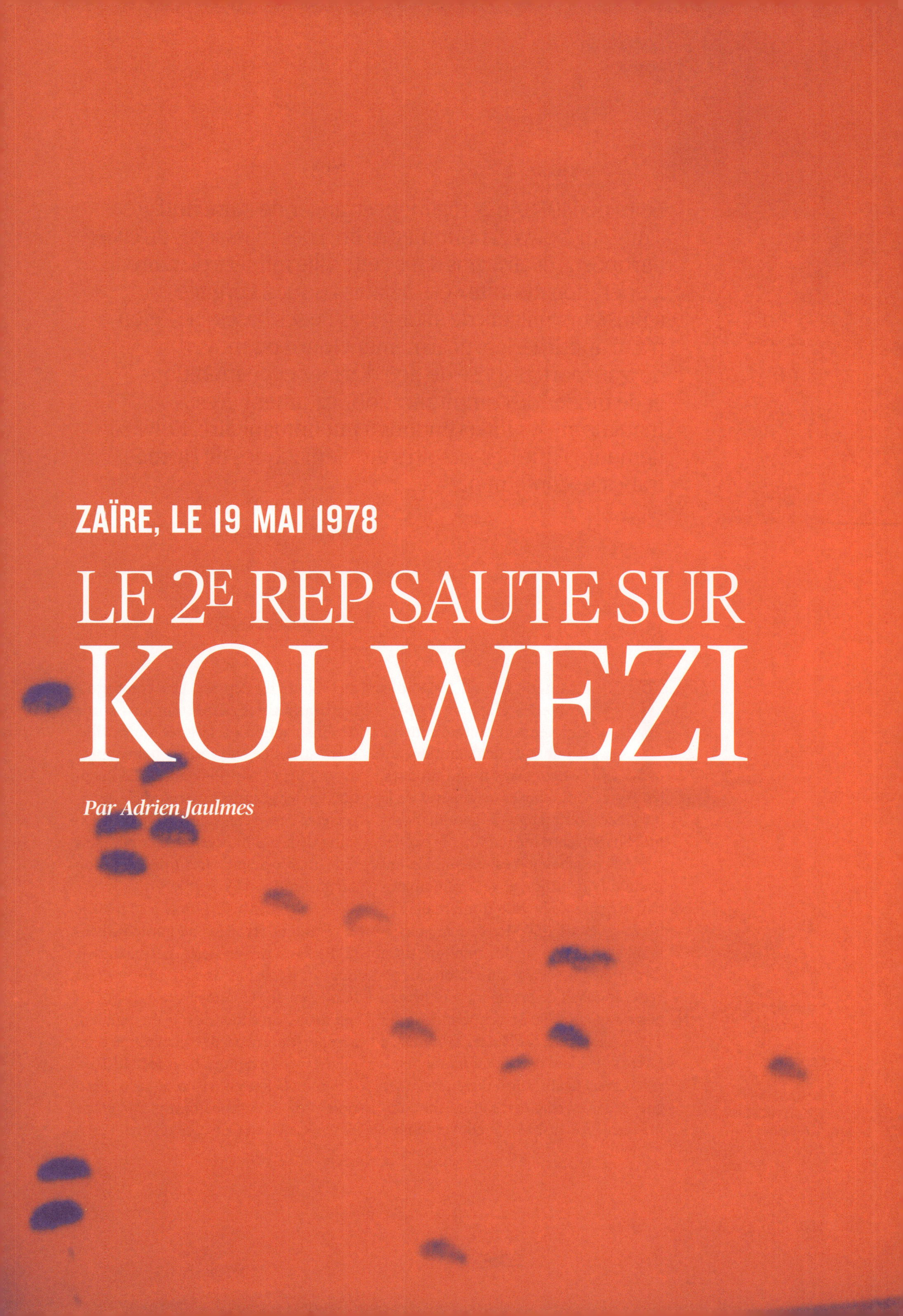

ZAÏRE, LE 19 MAI 1978

LE 2E REP SAUTE SUR KOLWEZI

Par Adrien Jaulmes

Le 19 mai 1978, le 2e régiment étranger de parachutistes saute sur Kolwezi pour mettre fin à des massacres de civils européens et africains dans cette ville minière du Zaïre. L'opération « Bonite » est à hauts risques. Larguée à plusieurs milliers de kilomètres de ses bases, la Légion n'a ni appui aérien, ni armement lourd ou moyen de transport, dispose de peu d'armes et de munitions et de modes de communications rudimentaires. Inaugurant, les interventions à but humanitaire, Kolwezi demeure l'une des victoires emblématiques de l'armée française contemporaine.

Le samedi 13 mai 1978, des nouvelles alarmantes parviennent du Zaïre, l'actuelle République démocratique du Congo. Dans le sud du pays, les Tigres, des rebelles originaires de la province du Katanga (à l'époque nommée Shaba), entraînés en Angola par des conseillers cubains et est-allemands, ont franchi la frontière et se sont emparés par surprise de la ville minière de Kolwezi. Quelque 2 500 Européens et leurs familles, en majorité des employés de la Gécamines, la société qui exploite le cuivre et le cobalt de la région, sont pris au piège dans la ville. Le commandant des Tigres katangais, Nathanaël Mbumba, a interdit le *« viol des jeunes filles mineures »*, mais la situation dégénère assez vite, et des massacres d'Européens commencent. À Kinshasa, le gouvernement de Mobutu est dépassé. Une compagnie de parachutistes zaïrois tout juste sortie de l'instruction est larguée sur la ville. Elle est taillée en pièces à peine après avoir touché le sol. Pendant que la Belgique, ancienne puissance coloniale, tergiverse, le président Valéry Giscard d'Estaing décide d'intervenir. Il demande à l'état-major de préparer une opération sur Kolwezi.

Le mercredi 17 mai à 10 h 30, le 2e régiment étranger de parachutistes (2e REP) est mis en alerte. Les paras de la Légion ne sont pas à ce moment-là l'unité en alerte Guépard, ce dispositif qui maintient à tour de rôle un régiment aéroporté prêt à partir en opération dans un délai de 24 heures. Mais le 2e REP est désigné à la fois en raison de sa localisation et de sa composition particulière. Basé à Calvi, en Corse, ce régiment est ▸▸

DOUBLE PAGE PRÉCÉDENTE : DÉBUT DE L'OPÉRATION « BONITE ». LES PREMIERS PARACHUTISTES FRANÇAIS SONT LARGUÉS AU-DESSUS DE KOLWEZI.

ZAÏRE

Les légionnaires s'emparent de Kolwezi

Les parachutistes de la Légion lancent un raid aéroporté au Zaïre pour protéger plus de 2 000 Européens, pris en otages par les « tigres katangais ».

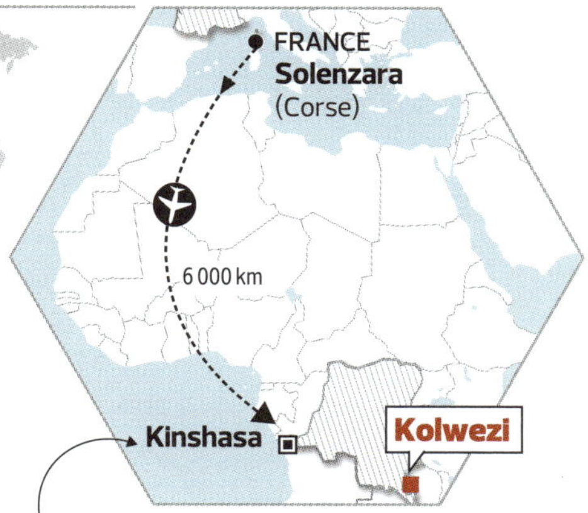

1 18 mai 1978

Les 4 compagnies du 2e **régiment étranger de parachutistes** (REP) décollent de Solenzara, à destination de Kinshasa.

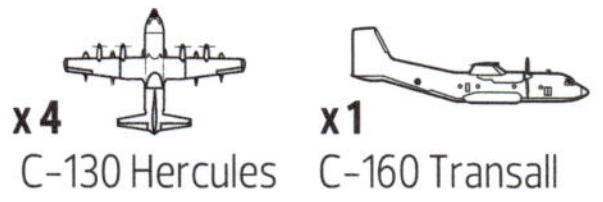

2 19 mai, 10 h 50, N'Gili (Kinshasa) : les hommes du REP décollent à bord de cinq avions, dont quatre Hercules de l'armée zaïroise, pour **rallier Kolwezi.**

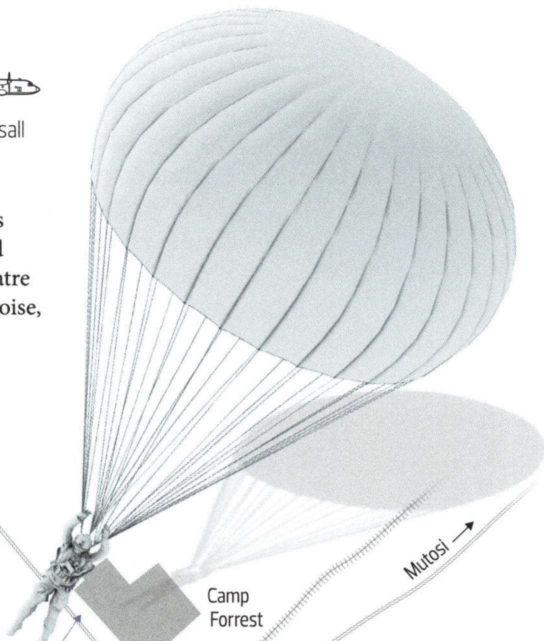

3 **19 mai,** 15 h 40
Première vague de larguage : 405 légionnaires sautent en deux passages à 150 mètres d'altitude sur Kolwezi, aux limites nord de l'ancienne ville.

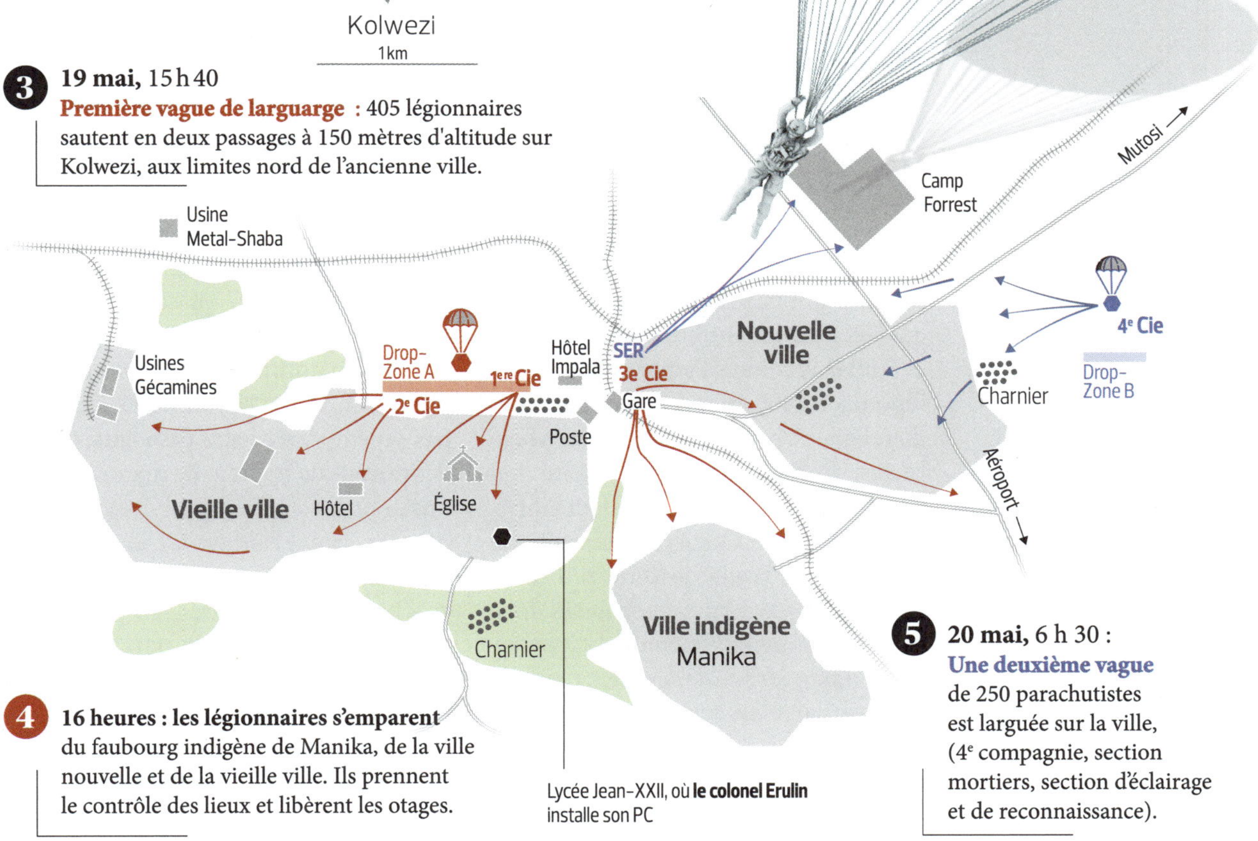

4 **16 heures : les légionnaires s'emparent** du faubourg indigène de Manika, de la ville nouvelle et de la vieille ville. Ils prennent le contrôle des lieux et libèrent les otages.

5 **20 mai,** 6 h 30 :
Une deuxième vague de 250 parachutistes est larguée sur la ville, (4e compagnie, section mortiers, section d'éclairage et de reconnaissance).

700 *civils tués par les rebelles*

250 *morts côté rebelles*

5 *morts et 20 blessés chez les légionnaires du REP*

6 *autres militaires français tués*

▸▸ plus facilement mobilisable avec discrétion que des unités stationnées sur le continent. Et les légionnaires, volontaires étrangers, sont moins susceptibles de susciter d'émotion dans l'opinion française en cas de pertes.

Dans la nuit du 17 au 18 mai, le régiment au complet traverse la Corse en camion pour rejoindre la base aérienne de Solenzara, sur la côte orientale de l'île. Là, le général Jeannou Lacaze, commandant la 11e division parachutiste indique aux légionnaires leur mission : le 2e REP doit sauter sur Kolwezi, neutraliser les Tigres katangais, et sauver les civils, notamment européens. En l'absence d'avions gros-porteurs militaires, les légionnaires embarquent avec armes et munitions dans des appareils civils réquisitionnés : trois DC-8 d'UTA, un DC-8 du COTAM, et un Boeing 707 d'Air France, qui décollent à destination de Kinshasa.

PHOTOCOPIES ET RUBAN ADHÉSIF. Choisissant des routes différentes, les avions se posent séparément dans la nuit du 18 mai sur Ndjili, l'aéroport de la capitale zaïroise. Le dernier atterrit à l'aube. Sur le tarmac, dans la touffeur de la nuit africaine, le colonel Yves Gras, chef de la mission militaire française au Zaïre, le colonel Philippe Erulin, chef de corps du 2e REP, et le colonel Stéphane Coevoet, à l'époque capitaine et officier opérations du régiment, préparent en quelques heures un audacieux raid aéroporté. Les nouvelles des massacres rendent l'intervention urgente. On décide de sauter directement sur la ville de Kolwezi. « *On ne savait pratiquement rien de la situation au sol*, se souvient le colonel Coevoet. *Nous manquions aussi de cartes. On a utilisé une carte américaine du Zaïre au 250 000e et quelques exemplaires de plans directeurs de la compagnie minière, que nous avons photocopiés avec l'unique photocopieuse du régiment, et assemblés dans l'avion avec du ruban adhésif.* »

Un parachutage opérationnel est par définition une affaire délicate. Les parachutistes sont vulnérables pendant qu'ils sont sous voile, et la moindre erreur de largage peut disperser les troupes sur un large périmètre. Une fois au sol, les unités doivent se regrouper avant d'agir. Elles ne disposent pas d'armement lourd, ni de moyens de transport, et n'ont pas d'autres munitions que celles qu'elles emportent. L'emploi de larges formations aéroportées sans renforts ni appuis est un pari très risqué. L'opération comporte en outre des contraintes spécifiques. Les premières sont liées à la géographie. Le 2e REP sera parachuté à une distance considérable : Kolwezi est située au centre du continent africain, à 6 000 kilomètres de la France, et à plus de 1 300 kilomètres de Kinshasa. Si les choses tournent mal, il sera donc impossible d'évacuer des blessés ou de récupérer les légionnaires. L'ordre du colonel Erulin le stipule en toutes lettres : « *Aucun appui, aucun ravitaillement n'est à espérer avant le 20 mai après-midi* ».

Il existe ensuite un risque tactique : en raison des massacres en cours, le largage devra se faire quasiment sur l'objectif. Des contraintes techniques viennent enfin compliquer encore un peu plus l'affaire. Les légionnaires qui n'ont pas pu emporter leurs parachutes pour des raisons de poids et de manque d'avions pour les acheminer, doivent utiliser ceux de l'armée zaïroise. Ce sont des modèles T-10 américains, inadaptés à l'accrochage des gaines de transport françaises, ces sacs que les parachutistes larguent au bout d'une corde avant l'atterrissage. Les légionnaires doivent bricoler pendant la nuit des systèmes d'attache avec du fil de fer. Les sacs sont remplis avec le maximum de munitions et de piles pour les radios. Tout le reste du matériel, rations ou sacs de couchage, est laissé de côté. En revanche, le moral est au plus haut. « *Quand nous sommes partis, nous pensions que nous allions subir beaucoup de pertes*, dit le général Benoît Puga, à l'époque lieutenant, chef de section à la 1re compagnie et le plus jeune officier du régiment, *mais nous étions aussi certains de réussir.* » Pourtant, les mécomptes continuent de s'accumuler. Sur les sept avions disponibles pour le largage, deux tombent en panne pendant la nuit. Au matin, il ne reste que cinq appareils : quatre C-130 Hercules zaïrois, et un C-160 Transall français. On décide de charger au maximum les avions, et de diviser le REP en deux vagues. La première est constituée par les 1re, 2e et 3e compagnies. La 4e compagnie et la compagnie d'appui et d'éclairage embarquent dans un DC-10 en direction de Kamina, l'aéroport le plus proche de Kolwezi, pour être larguées dans une deuxième vague.

Sur les sept avions disponibles pour le largage, deux tombent en panne. Au matin, il ne reste que cinq appareils : quatre C-130 Hercules zaïrois et un C-160 Transall français.

PISTE D'AVIATION DÉSAFFECTÉE. À 11 heures du matin, les cinq appareils finissent par décoller, moins de douze heures après l'arrivée des légionnaires à Kinshasa. À bord, 381 parachutistes, entassés les uns sur les autres dans les carlingues. On a juste eu le temps de faire monter à bord le médecin-chef, et l'aumônier du régiment, le père Yannick Lallemand. Les avions mettent le cap sur Kolwezi.

Ils arrivent au-dessus de la ville à 15 h 30. Les largueurs ouvrent les portières et la lumière rouge s'allume. La tradition des légionnaires parachutistes veut que les officiers sautent en tête. « *On a expliqué au colonel Erulin qu'il n'y avait qu'un seul chef de corps, et qu'il valait quand même mieux qu'il ne soit pas le premier à sauter*, dit le colonel Coevoet. *C'est moi qui me suis retrouvé à la portière.* »

Par la porte ouverte, Coevoet voit la ville défiler sous ses pieds et des tirs monter du sol. Mais la lumière reste rouge, et les avions font un premier passage sans larguer : le pilote zaïrois de l'appareil de tête n'a pas réussi à se mettre dans l'axe de la zone de saut. C'est le Transall de l'armée de l'air qui donne le cap à la formation. Pour le deuxième passage, les appareils sont alignés. « *Mais l'effet de surprise était déjà un peu entamé* », dit Coevoet. Dans les carlingues, la lumière verte s'allume enfin, et la sonnerie retentit. Le largage commence. Les parachutistes sautent à 150 mètres d'altitude, la limite de sécurité, pour passer le moins de temps possible sous voile et éviter d'être trop dispersés au sol.

La zone de saut, la DZ (*drop zone*), est à l'emplacement d'une ancienne piste d'aviation désaffectée qui jouxte le centre-ville. Quelques instants plus tard, les légionnaires atterrissent au milieu des herbes à éléphants dans lesquelles il est difficile de s'orienter. Il faut se regrouper, et retrouver les armes collectives larguées séparément. « *À peine la moitié des légionnaires ont atterri sur la DZ*, raconte le colonel Coevoet. *Il y avait des gens dans les arbres, certains accrochés aux immenses termitières qui parsèment la zone de saut, ou entre les maisons. On ne savait pas combien de forces ennemies on avait en face de nous.* »

« *L'effet de surprise a quand même joué*, dit le général Puga. *On a* ▸▸

LE COLONEL ERULIN ET SON ÉTAT-MAJOR PENDANT L'OPÉRATION.

LES LÉGIONNAIRES DU 2E REP PRÉPARENT LES OBUS DE MORTIERS DE 81 MM.

LES LÉGIONNAIRES FOUILLENT LA VILLE.

UN SUSPECT
EST CAPTURÉ PAR
LE 2[E] REP DANS
UNE RUE DE KOLWEZI.

ARRIVÉS
SUR L'AÉROPORT
APRÈS LE SAUT
DE LA LÉGION,
LES PARAS BELGES
ÉVACUENT
LES EUROPÉENS
DE KOLWEZI.

MISSION ACCOMPLIE.
LES LÉGIONNAIRES
DU 2E REP SUR
L'AÉROPORT
DE LUBUMBASHI
QUELQUES JOURS
APRÈS L'OPÉRATION.

lancé un assaut vertical sur la ville. Les rebelles étaient déployés face au Sud-Est, en direction de l'aérodrome de Kolwezi où ils pensaient que nous allions atterrir. Le temps qu'ils réagissent, et nous étions déjà au sol en train de foncer vers les objectifs. »

La 1re compagnie (Vert) du capitaine Poulet est larguée au centre du dispositif. À peine regroupée, elle se dirige dans les rues de l'ancienne ville de Kolwezi, en direction du lycée Jean-XXIII, où sont rassemblés des ressortissants européens. La 2e compagnie (Rouge) du capitaine Dubos a pour objectif les ateliers de la Gécamines, la compagnie minière, dans les quartiers ouest. C'est là où se trouvent notamment des camions qui serviront de moyens de transport, et l'hôpital, qui pourra se révéler crucial pour traiter des blessés éventuels. La 3e compagnie (Noir) du capitaine Gausserès se déploie vers l'Est. Elle se heurte à une contre-attaque des Tigres katangais qui avancent avec deux automitrailleuses sur le boulevard Mobutu. Les légionnaires de la 3e, qui viennent de récupérer leurs lance-roquettes, détruisent les deux blindés. La section du lieutenant Bourgain découvre dans l'hôtel Impala une vingtaine de cadavres d'Européens. On retrouvera aussi les corps de six militaires français, membres d'une mission d'assistance technique, assassinés par les rebelles.

L'intervention a permis de sauver plus de deux mille personnes. Terrées dans leurs maisons depuis des jours, elles en sortent à la vue des Bérets verts.

Dans les rues désertes où règne l'odeur des cadavres en décomposition, d'autres charniers sont bientôt découverts. En tout, près de 700 civils, hommes, femmes et enfants, ont été massacrés par les rebelles. Mais l'intervention a permis de sauver plus de deux mille survivants. Terrés dans leurs maisons depuis plusieurs jours, ils sortent de leurs cachettes à la vue des Bérets verts des légionnaires.

LA NUIT, LES TIRS SE POURSUIVENT. Pendant tout l'après-midi, des accrochages violents ont lieu dans les rues de Kolwezi, entre les villas et les murs des jardins bordés de bougainvilliers et de jacarandas. Mais les rebelles, bousculés au début de l'opération, ne parviennent pas à réarticuler leur dispositif. À la fin de la journée, les trois compagnies du 2e REP ont réussi à s'emparer du centre de la ville. « *On a vite compris que le gros des Tigres s'était replié vers la frontière angolaise,* dit Coevoet. *Il restait surtout des milliers de miliciens.* » Le petit état-major du colonel Erulin s'est installé sur le toit du lycée Jean-XXIII, avec ses radios et ses cartes. Les puissants postes de transmissions emportés ont été endommagés pendant l'atterrissage. C'est en graphie que les radios du 2e REP envoient les premiers comptes rendus à Paris, transmission relayée par des postes militaires au Tchad et en Corse. En fin de journée, la deuxième vague du REP, retardée sur l'aérodrome de Kamina par l'absence d'échelle pour débarquer du DC-10, finit par décoller à destination de Kolwezi. Mais le colonel Erulin décide de ne pas prendre de risque supplémentaire et de reporter au lendemain le saut du reste du régiment. Pendant la nuit, les tirs continuent de retentir.

Le lendemain matin, le 20 mai à l'aube, la 4e compagnie (Gris), du capitaine Grail, la section de mortiers et la section d'éclairage et de reconnaissance

(SER) sautent à leur tour sur Kolwezi. Le 2e REP est au complet. Les combats qui se poursuivent se sont déplacés dans les quartiers périphériques. La 4e compagnie accroche un fort parti de rebelles retranchés dans l'usine Metal-Shaba. Le colonel Erulin envoie en renfort la 2e compagnie, la SER et les mortiers. Les légionnaires ont réquisitionné de gros camions Magirus à la Gécamines qui leur servent de moyen de transport. Le colonel Coevoet dirige la manœuvre depuis une camionnette Peugeot 404 conduite par un civil belge. L'assaut est donné contre Metal-Shaba. Pendant les combats, le sergent-chef Daniel est tué ; mais plus de cinquante rebelles sont mis hors de combat.

Les jours suivants sont consacrés à la reprise des environs de Kolwezi. Les paras-commandos belges qui se sont posés sur l'aéroport, à une quinzaine de kilomètres de Kolwezi, ont entrepris d'évacuer les ressortissants européens sans coordination avec l'armée française. Arrivent aussi par avion les premières autorités. Mobutu vient en tournée d'inspection, ainsi que l'ambassadeur de France au Zaïre, André Ross. Le père Lallemand, l'aumônier du 2e REP, concélèbre une messe avec l'archevêque de Kolwezi. La SER est envoyée rouvrir la route de Lubumbashi, capitale de la province. Le gros des rebelles katangais a reflué vers la frontière angolaise. Au début du mois de juin, moins de trois semaines après le début de l'opération, la majeure partie du 2e REP rembarque, après avoir été relevée par une force africaine et marocaine.

L'opération a été un succès total. Pas moins de 250 rebelles tués, de nombreuses armes capturées et la rébellion en déroute. Et surtout plusieurs milliers de civils sauvés. Au retour du 2e REP en France, le président Valéry Giscard d'Estaing passe en revue le régiment. Dans les rangs ont été laissées vacantes les places des cinq tués : le sergent-chef Daniel, le caporal Arnold, le légionnaire Clément, le caporal Harte et le caporal-chef Allioui.

Quarante ans après, l'opération « Bonite » est restée un modèle du genre. Engagé à des milliers de kilomètres de sa base, doté d'un armement un peu désuet, sans préparation ni appuis extérieurs, le 2e REP a donné l'exemple de ce qu'une troupe bien entraînée est capable d'accomplir. Contrairement aux groupements tactiques à la mode de nos jours, composés de soldats venant d'unités disparates et rassemblés pour les besoins d'une opération, le régiment a été engagé au complet, en unité constituée. *« On se reconnaissait à la voix sur le réseau radio, au point qu'on aurait pu se passer d'indicatifs »*, se souvient le colonel Coevoet. Alors que pratiquement personne, à part le colonel Erulin, n'avait l'expérience du feu, cette machine de guerre bien huilée a montré la valeur de l'entraînement et de l'esprit militaire.

L'opération a été un succès total. Pas moins de deux cent cinquante rebelles tués, de nombreuses armes capturées et la rébellion en déroute.

« Ce que j'ai appris là-bas m'a servi toute ma carrière, dit avec le recul le général Puga, aujourd'hui l'un des officiers français les plus décorés. *Kolwezi rappelle que la guerre est avant tout une affaire humaine : la cohésion du 2e REP, où tout le monde se connaît, l'entraînement poussé, le professionnalisme et la confiance de chacun dans les autres, ont été des facteurs déterminants. »* ■

Reportage paru dans « Le Figaro » du 23 mai 1978

Le double objectif des rebelles

Par Thierry Desjardins

LE FIGARO

sommaire

Les troupes belges abandonnent Kolwezi

Mission pour les paras du 2e R.E.P. : retrouver les Européens disparus

Cinquante civils français portés manquants

Giscard au sommet franco-africain :

Pas de progrès sans sécurité

Mobutu à Paris aujourd'hui

Sensibiliser l'Europe et les États-Unis

A l'O.N.U. 82 États interpellent les grandes puissances

Le tiers monde : arrêtez la course aux armements

L'emprunt d'État est clos

Sur les corps des Katangais tués et dans les différents PC rebelles, les légionnaires du 2e REP ont trouvé des documents très instructifs. Ces papiers confirment les rumeurs qui circulaient depuis quelque temps et prouvent que l'attaque rebelle a été – au début tout au moins – remarquablement organisée. Le plan se proposait deux objectifs simultanés.

D'une part, l'instauration d'un gouvernement révolutionnaire à Kolwezi même et qui ne se serait pas présenté comme un gouvernement sécessionniste katangais, mais bien comme un contre-gouvernement hostile au régime zaïrois de Mobutu.

L'annonce de la formation de ce gouvernement aurait dû se faire en même temps à Kolwezi, à Bruxelles, à Genève et à Paris – il devait compter vingt membres dont… trois Belges et un Français. Des tracts déjà préparés et annonçant ce gouvernement ont été découverts dans un camion, à quelques kilomètres de Kolwezi. Ils portaient comme emblème un marteau et une faucille.

L'autre objectif annoncé était de faire fuir le plus vite possible tous les ressortissants étrangers de la ville et même de la région. Pour ce faire, les rebelles ne cachaient pas leur intention de procéder à des massacres.

L'opération a été menée par trois groupes de rebelles différents : d'abord une colonne de fantassins qui est venue lentement d'Angola, mais en passant par le coin nord-ouest de la Zambie, comme on le savait déjà. Puis une colonne de camions qui est arrivée, elle, directement d'Angola. Et enfin, des éléments qui se trouvaient déjà sur place à Kolwezi et dans la banlieue. Les deux colonnes se sont retrouvées à une trentaine de kilomètres au sud de la cité minière. Ceux venus directement d'Angola ont alors abandonné leurs camions et tout le monde a foncé, au cours d'une marche forcée de nuit, vers la cité minière. Au cours de cette nuit, les complices locaux des rebelles ont pris position et ont préparé la route.

Cela prouve, d'une part, que, comme on s'en doutait, l'Angola a bel et bien joué un rôle essentiel dans cette nouvelle invasion du Zaïre et, d'autre part, que la rébellion compte encore de nombreux partisans à Kolwezi et dans toute cette région de l'ex-Katanga.

Certains témoignages recueillis par les Français, qui bien sûr

cherchaient comme tout le monde à savoir s'il y avait un encadrement extra-africain, affirment que « *quatre blancs parlant l'espagnol ou le portugais ont inspecté les troupes rebelles au point de rencontre des deux colonnes quelques heures avant l'attaque* ». Était-ce des Cubains ? Rien pour l'instant ne permet de l'affirmer. (…)
L'intervention des légionnaires a été une surprise totale pour les rebelles et a fait échouer leur plan. Du moins, dans son premier objectif, la formation d'un gouvernement provisoire. Car, hélas ! le deuxième objectif, a, lui, été atteint complètement. Hier soir, les quatre derniers Européens qui étaient restés à Kolwezi ont pris l'avion pour Bruxelles. Et c'est ici qu'on est bien obligé de reparler du désaccord fondamental qui a opposé Paris et Bruxelles, désaccord qui n'a fait que s'aggraver d'ailleurs au cours des dernières heures. Dès le départ, on le sait maintenant, il y avait un malentendu essentiel entre les deux capitales amies. Les Belges voulaient faire une opération très rapide pour sauver simplement les ressortissants étrangers. Il s'agissait pour eux d'une pure évacuation en catastrophe. Les Français, au contraire, souhaitaient que l'intervention permette aux Européens de rester à Kolwezi. Les Belges voulaient faire un pont aérien de quelques heures. Les Français voulaient assurer la sécurité des étrangers à Kolwezi et permettre à la ville de revivre normalement.
Ce désaccord a entraîné inévitablement une suite d'accusations entre les deux alliés tant au niveau des deux capitales qu'au niveau des deux colonels sur place. Aujourd'hui, les Français reprochent aux Belges non seulement d'être arrivés vingt-quatre heures après eux et d'être tous repartis dès lundi à 14 heures mais, encore et surtout, d'avoir poussé tous les étrangers à fuir Kolwezi, ce qui donne une victoire essentielle aux rebelles puisque maintenant la ville va rester morte et que l'économie de Mobutu va s'en ressentir cruellement.
Le colonel français ne mâche pas ces mots : « *Les Belges ont vidé la ville alors que notre mission aurait dû être de rassurer les gens, de les protéger et de faire reculer l'anarchie et le malheur.* »
Hier, peu avant le départ des derniers parachutistes belges, les rapports franco-belges se sont encore tendus. Deux officiers belges se sont en effet permis d'accuser, dans une déclaration à l'agence de presse anglaise Reuters, les légionnaires français d'avoir tué six blancs et de n'être, au fond, pas venus ici pour sauver les ressortissants européens. C'en était trop. Le colonel Érulin a mis au défi les Belges de prouver une telle affirmation et a prié de demander aux 2 500 Européens que ses hommes avaient sauvés d'une mort certaine, vendredi dernier, de venir témoigner.
L'honneur de la Légion, qui était si heureuse de pouvoir inscrire à son drapeau cette belle victoire de Kolwezi, est un peu en jeu et on comprend la fureur du colonel du 2e REP.
Cependant, si la mauvaise foi de ces deux officiers bien peu élégants est sans importance, le désaccord entre Bruxelles et Paris apparaît aujourd'hui au plein jour quand les légionnaires demandent à qui de droit quelle va être maintenant leur mission. Ils sont venus ici pour protéger une population qui n'est plus là – un peu par la faute des Belges – et pour permettre un retour à la vie normale qui n'est plus possible sans cette population. Que leur reste-t-il alors à faire ? Ils peuvent peut-être encore espérer pendant trois ou quatre jours rattraper quelques rebelles près de la frontière angolaise mais après, quand ces 3 000 hommes auront disparu dans la nature, va-t-on demander à la Légion de garder indéfiniment une ville morte et des installations minières qu'il faudrait des mois pour remettre en état ? C'est la question que nous nous posions avec des officiers du 2e REP en déambulant hier soir dans les rues saccagées du centre de Kolwezi et en observant discrètement les rares indigènes qui réapparaissaient pour s'empresser d'aller voler le peu qu'il reste à piller dans les magasins. ■

CE
Airbus A300
EC

MARSEILLE, LE 26 DÉCEMBRE 1994

VOL AF8969 : NOËL DE TERREUR

Par Christophe Cornevin

À la veille de Noël 1994, à Alger, un commando d'islamistes armés prend le contrôle du vol AF8969 avec à son bord 241 personnes. 54 heures d'angoisse, avant que le GIGN, lors d'un assaut haletant de seize minutes, élimine les terroristes et mette fin à la tragédie.

DOUBLE PAGE PRÉCÉDENTE : L'OPÉRATION EST TERMINÉE. ON ÉVACUE UN TERRORISTE TUÉ LORS DE L'ASSAUT.

En ce samedi 24 décembre 1994, une pluie fine tombe sur l'aéroport Houari-Boumédiène d'Alger. À 11 h 15, quatre hommes armés franchissent sans éveiller la moindre attention les accès au tarmac et embarquent à bord de l'Airbus A300 assurant le vol AF8969 vers Paris, avec à son bord 229 passagers et douze membres d'équipage. Vêtus d'imperméables bleus dissimulant des uniformes d'Air Algérie dérobés quelques semaines auparavant, les pirates de l'air se font d'abord passer pour des policiers venant effectuer un contrôle d'identité. Abdul Abdallah Yahia, ex-délinquant de 25 ans radicalisé, est le chef présumé du commando. Il est secondé par un islamiste évadé de prison, Makhlouf Benguettaf, 25 ans, originaire d'El-Harrach, dans la banlieue d'Alger. Mustapha Chekiene et Salim Layadi, leurs deux complices surnommés « Lotfi » et « le Maboul », sont nerveux. Le commandant de bord, Bernard Dhellemme ne saisit pas tout de suite l'incongruité de cette « opération de police ». Les voyageurs songent à un contrôle de routine. « *Nous trouvions bizarre que les faux policiers refusent que l'on appelle la tour de contrôle*, se souvient Jean-Paul Borderie, copilote. *On a commencé à avoir de sérieux doutes lorsqu'on a vu un bâton d'explosif dépasser d'une poche...* ». Très vite, la situation bascule à bord. Un commissaire de police algérien se lève de son siège et propose son aide. Il se retrouve avec un pistolet sur la nuque : « *Au nom du Miséricordieux, ne me tuez pas...* », supplie-t-il. « *Tu invoques Dieu, c'est bien, je ne vais pas te tuer* », répond Abdallah Yahia. Le « soldat de Dieu » lui serre la main. Et lui tire une balle dans la tête. « *Il a torturé ses frères* », lâchera-t-il pour justifier son geste. ▸▸

FRANCE

Seize minutes en enfer

Le vol AF8969 a été détourné par des islamistes algériens et stationne sur le tarmac de Marignane. À son bord, quatre terroristes et 173 otages. Le GIGN entre en action.

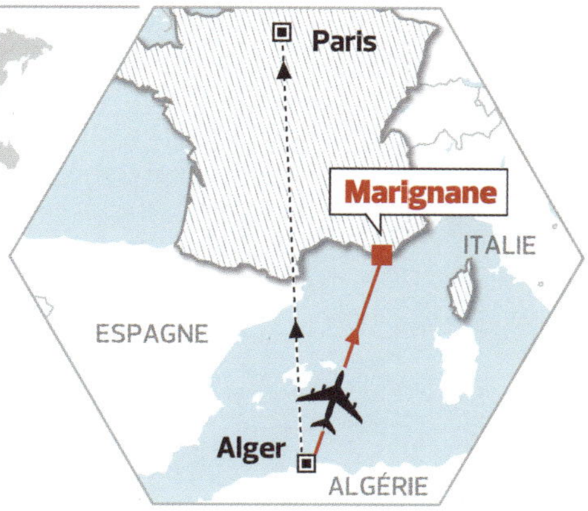

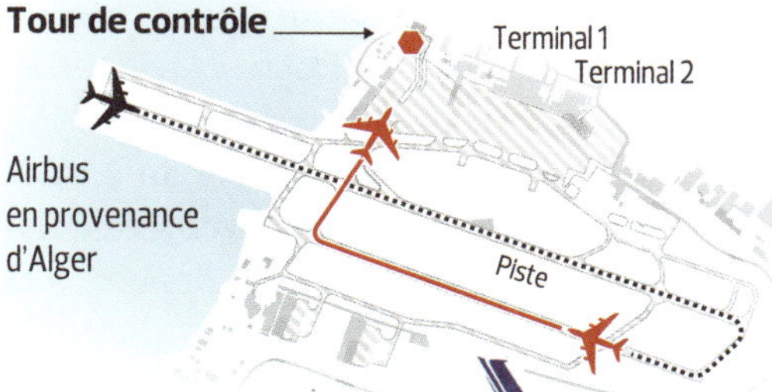

1 **26 décembre 1994, 15 h 42**
L'avion, qui s'était positionné au sud de la piste, se déplace vers la tour de contrôle. Les terroristes veulent redécoller vers Paris et réclament un ravitaillement en kérosène.
L'assaut est inévitable.

2 **17 h 10 :** l'un des terroristes tire deux coups de feu en direction de la tour de contrôle. Le chef d'escadron du GIGN donne le **top action.**

3 **17 h 15 :** huit hommes en armes positionnés sur une passerelle ouvrent la porte avant-droite et **donnent l'assaut.**

4 Ils tombent sur les quatre terroristes retranchés dans le cockpit avec les membres d'équipage. **Tirs nourris des deux côtés.**

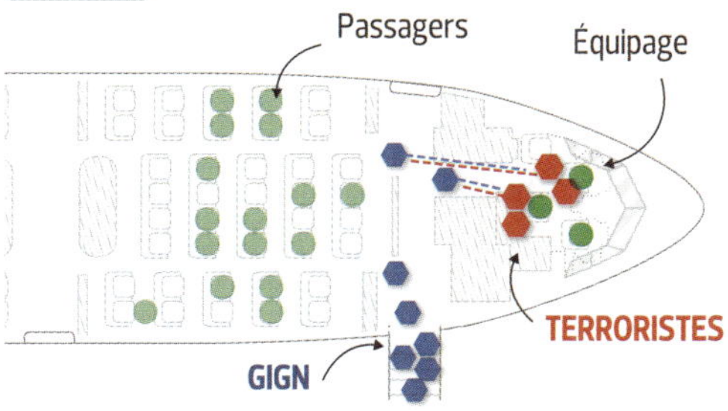

5 **Deux autres groupes de gendarmes pénètrent par les portes arrière** et déploient les toboggans. Les passagers sont évacués progressivement.

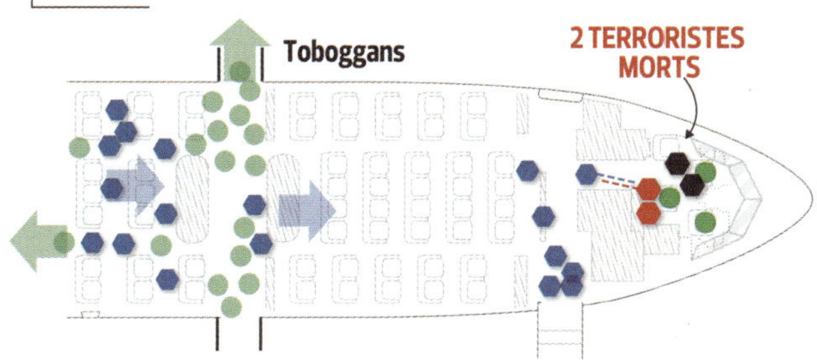

6 Les hommes du GIGN essuient toujours les tirs ennemis. Plusieurs sont blessés, **mais ils parviennent à abattre les derniers terroristes,** avec le soutien des tireurs d'élite positionnés sur les toits de l'aérogare.

1 500 *coups de feu tirés de part et d'autre*

4 *terroristes tués*

10 *hommes du GIGN blessés*

173 *otages libérés. Parmi eux, 15 blessés légers*

Devant les passagers médusés, les membres du commando armé hurlent : « *Nous sommes du GIA ! Nous avons tué beaucoup de personnes en Algérie, nous prenons le contrôle de l'avion.* » Au cri de « *Allah est grand !* », ils brandissent deux armes de poing, une kalachnikov et deux pistolets mitrailleurs israéliens de type Uzi. Jean-Paul Borderie se rappelle : « *Ils avaient aussi des sacs en plastique pleins de munitions. De quoi tenir un siège. Deux bombes, 800 grammes d'explosifs sous forme de bottes hérissées de fils électriques, avaient été placées l'une dans la cabine arrière, l'autre près du poste de pilotage. On était abasourdis* ».

UN OBJECTIF : PARIS. Des harangues islamistes et des sourates sur la mort retentissent dans l'avion. Les femmes sont sommées de se couvrir la tête de couvertures en guise de hijab. « *Retenue avec mes collègues dans le coin repas, j'ai été contrainte de porter un foulard et de prononcer une conversion à l'islam*, raconte Anne Dufrène. *Âgée de 20 ans, j'étais étudiante en commerce international et hôtesse de l'air saisonnière pour arrondir mes fins de mois. Là, j'ai compris ce que voulait dire l'expression trembler de peur. Mais j'ai sans cesse essayé de sourire, de tranquilliser les passagers.* » Parmi eux nombre d'Algériens comprennent les menaces en arabe des terroristes.

« *C'était comme un film*, raconte Jean-Paul Borderie. *Dans les périodes d'accalmie, tout le monde pensait que cela allait se résoudre. Puis on s'apercevait que non. La tension est montée d'un cran à sept ou huit reprises* ». Lors des pourparlers, le commando réclame la libération des deux chefs historiques du Front islamique du salut, Abassi Madani et Ali Belhadj. Il exige de tenir une conférence de presse. Jean-Paul Borderie grimace : « *En fait, les terroristes n'avaient qu'un objectif : faire reculer la passerelle qui bloquait l'avion et décoller vers Paris.* »

Dans la nuit du 24 au 25 décembre, les négociations avec les autorités algériennes s'enlisent. Appelée à la rescousse, la mère du chef du commando le supplie par radio de se rendre. Le remède produit l'effet contraire : ivre de rage, Abdallah Yahia ordonne à un deuxième otage, Bui Giang To, conseiller commercial à l'ambassade du Vietnam, de venir à l'avant. Se croyant proche de sa libération, le diplomate, dont la femme vient d'accoucher à Paris, revient à son siège pour récupérer sa veste. Comme le commissaire avant lui, il est liquidé et jeté sur la passerelle. « *De toute façon, c'était un bouddhiste plein de diplômes* », grince un des bourreaux.

La situation se dégrade avec la perspective d'un assaut des « Ninjas », policiers algériens réputés pour leur férocité. « *Furieux d'être rivés sur la piste d'envol, les pirates lancent un ultimatum*, poursuit Jean-Paul Borderie. *Ils menacent de tuer un otage toutes les trente minutes si l'avion ne décolle pas.* » Pour gagner du temps, les autorités finassent. Dimanche 25 décembre à 21 h 30, la tragédie s'assombrit encore. Un terroriste demande à parler à un représentant d'Air France : « *Écoute Monsieur, on ne relâche plus personne. Regarde bien la porte devant l'avion : tu comprendras notre détermination.* ». Yannick Beugnet cuisinier de l'ambassade de France, est amené à la radio. « *Notre vie est en danger maintenant. Si vous ne faites rien, ils vont nous exécuter, il faut absolument faire quelque chose rapidement* ». Son message restera sans effet. Abdallah Yahia l'exécute d'une balle dans la tête et jette son corps sur le tarmac. Le commandant de bord prévient la tour : « *Ça va suivre avec les autres. Alors, est-ce qu'on est décidé à faire quelque chose pour nous laisser partir ?* »

Les échanges entre Paris et Alger se tendent. François Mitterrand, en congé à Venise, n'intervient pas. Revenu à Paris le 25 décembre de Chamonix où il était en vacances, le premier ministre Édouard Balladur, se saisit de l'affaire. Deux décennies plus tard, il confiera au *Figaro* : « *Je suis quelqu'un de plutôt calme, et même réservé, mais je ne suis pas nécessairement toujours agréable… J'ai téléphoné au chef de l'État, le général Liamine Zéroual, qui m'a dit qu'il réfléchissait. J'ai été très véhément, en lui précisant que je le tiendrais pour responsable du sort des otages et que j'en appellerais publiquement à l'opinion internationale. Vers 23 heures, les Algériens ont donné leur accord pour que l'avion fasse route vers la France.* »

« J'ai été très véhément avec Zéroual, en lui disant que je le tiendrais pour responsable du sort des otages et que j'en appellerais à l'opinion internationale. »
Édouard Balladur

RECOURS AU GIGN. Au Quai d'Orsay, la cellule de crise suit les événements à la seconde. La prise d'otages intervient dans un contexte franco-algérien dégradé depuis le début de cette année 1994, avec la montée en puissance du GIA et l'incapacité du pouvoir algérien à la maîtriser. En France, la cohabitation entre un François Mitterrand affaibli par la maladie et son ambitieux premier ministre Édouard Balladur, qui se voit un destin élyséen, fait craindre le pire. L'équipe gouvernementale, elle-même divisée entre balladuriens et chiraquiens, a manqué de cohésion au début de la crise. La suite se déroulera mieux.

« *L'affaire a été parfaitement gérée* », assure Denis Favier, ancien directeur général de la gendarmerie nationale et commandant du GIGN à l'époque. Il n'a alors que 35 ans et une terrible charge pèse sur ses épaules. Dès le 24 décembre après-midi, il a reçu l'ordre de projeter ses hommes vers Majorque. L'île espagnole se trouve à mi-chemin entre l'Algérie et la France. Embarqués dans un Mystère 20, le patron du GIGN, quelques officiers et le colonel Janvier, alors chef du Groupement de sécurité et d'intervention de la Gendarmerie nationale (GSIGN), arrivent sur place quelques heures plus tard. Le reste de l'unité et une équipe médicale les rejoignent dans le *Sister Ship*, un Airbus A300 en tout point comparable à celui détourné pour que les gendarmes d'élite en connaissent chaque recoin. « *On a fait appel au GIGN*, rappelle Denis Favier, *car depuis un an, nous avions anticipé la menace et travaillé sur tous les plans d'avions et tous les protocoles d'équipages. Nos méthodes étaient rodées.* »

Le groupe restera 17 heures cloué sur l'aéroport de Palma, avant de repartir le 25 en fin d'après-midi. Les terroristes viennent de libérer 63 passagers. La quantité de kérosène restant dans les réservoirs ne permet d'atteindre que Nice, Marseille ou Montpellier. Après étude des para- »

L'AIRBUS D'AIR FRANCE ALORS QU'IL SE TROUVAIT ENCORE SUR L'AÉROPORT D'ALGER.

LE FILM DE L'ASSAUT : (1) LES HOMMES DU GIGN OUVRENT LA PORTE ; (2) UN GENDARME RESTE SUSPENDU À LA PORTE OUVERTE ; (3) L'ÉVACUATION DES PASSAGERS COMMENCE À L'ARRIÈRE ; (4) LE COPILOTE JEAN-PAUL BORDERIE SAUTE DEPUIS LA FENÊTRE DU COCKPIT ; (5) UN GENDARME TIRE DEPUIS LE SEUIL DE L'APPAREIL.

FIN DU DRAME : LES TERRORISTES SONT MORTS ET LES PASSAGERS ONT ÉTÉ ÉVACUÉS PAR LES TOBOGGANS.

Herald Tribune
GAZET
Volk
LA VANGUARDIA
THE SUN
le Parisien
Tages Anzeiger
ouest france
Boston Globe
L'EXPRESS
GUIDE 1995
The Philadelphia Inquirer
St.Galler Tagblatt
THE TIMES
The Daily Telegraph
Commandos storm to the rescue
犯人4人死亡
Libération
Los Angeles Times
Zeitung
LE FIGARO
Le Matin
The Washington Post
FINAL
THE INDEPENDENT
Washington Times
Plane Hostages Freed in Blood
LA VIE
French commandos free hijacked jet
THE HERALD
24 heures
MATCH Le cauchemar de l'Airbus Alger-Paris
EL PAIS
Daily Express
LA LIBRE BELGIQUE
Diario16
Daily Record

mètres, le GIGN opte pour Marseille-Marignane, où il installe son PC opérationnel et sa cellule de négociation, déploie ses observateurs et ses tireurs d'élites. « *En général, les forces vont vers la crise. Là, c'est la crise qui est venue sur notre terrain,* décrypte Denis Favier. *Un avantage considérable sur les preneurs d'otages.* » Dans la nuit du 25 au 26 décembre, le comité d'accueil du GIGN à Marignane est complété par l'arrivée en Transall de tous les super-gendarmes rappelés de leur permission de Noël. Alain Pustelnik, spécialiste des sports de combat, fait partie des renforts. Il témoigne : « *Le Noël précédent, j'avais été pris en otage par les Serbes alors qu'on menait une opération pour exfiltrer des officiers croates. Je pensais passer celui-ci en famille !* » Celui qu'on surnomme la « Puce » malgré ses 100 kg débarque vers minuit sur le tarmac. Il ignore encore qu'il va participer à l'assaut à la tête de l'avion.

Le vol AF8969 se pose à 3 h 15. Dans le *Sister Ship*, les gendarmes passent et repassent en revue les particularités techniques de l'appareil avec un équipage au complet, des techniciens et des ingénieurs dépêchés par Air France. « *Au bout de quatre ou cinq drills, on avait une vision parfaite du contexte à l'intérieur de l'appareil,* poursuit Alain Pustelnik. *Avant le "go !", c'est la première fois que j'ai vu les gars du groupe se serrer la main...* » Le GIGN a une consigne : « *L'Airbus ne doit pas redécoller* ». L'ordre se fonde sur deux informations concordantes recoupées par les services de renseignement, dont un appel anonyme au consulat de France à Oran : les terroristes ont l'intention de transformer l'Airbus en bombe volante qu'ils précipiteront sur Paris. Confirmation du scénario catastrophe – une sorte de 11-Septembre avec sept ans d'avance –, les pirates de l'air exigent 27 tonnes de kérosène à l'aéroport marseillais, soit près de trois fois la quantité nécessaire pour atteindre la capitale.

À l'abri d'un hangar, grâce aux éléments fournis par les otages libérés, le GIGN, actualise minute par minute ses données sur les terroristes de l'Airbus. « *L'aéroport était fermé et on avait créé une sorte de bulle pour épargner à nos hommes la pression de la famille, des politiques et des médias*, insiste Denis Favier, seul à faire des points réguliers avec le monde extérieur. *Dans ce genre d'opération*, précise-t-il, *chacun, quel que soit son grade, a un rôle clé dans l'assaut. Il est essentiel de faire preuve d'initiative et de s'adapter au moindre grain de sable, avec le "french spirit" qui nous caractérise.* »

UN TUBE OBSCUR. Pour ces gendarmes d'élite, la piraterie aérienne représente le pire cas de figure : « *Un avion est comme un tube obscur, sans échappatoire, à travers lequel il est difficile de distinguer les passagers des preneurs d'otages*, résume Denis Favier. *Un univers clos, bourré de kérosène, où il devient difficile de progresser quand des blessés tombent sur le plancher...* » Chacun espère, sans trop y croire, que le dialogue peut encore résoudre l'affaire. Tout contact avec l'avion est exploité par les techniciens du GIGN. Les « ops » s'entraînent sans relâche, en espérant intervenir en douceur, c'est-à-dire de nuit, pendant le sommeil des

« On avait créé une sorte de bulle pour épargner à nos hommes la pression de la famille, des politiques et des médias. »

EN CE NOËL 1994, L'AIRBUS FAIT LA UNE DE LA PRESSE MONDIALE.

LES HOMMES DU GIGN POSENT À L'ÉLYSÉE APRÈS AVOIR VU FRANÇOIS MITTERRAND.

pirates, en s'introduisant par une trappe dérobée donnant accès à la cabine. Mais un imprévu change tout. Ulcérés de ne pas être livrés en carburant, les terroristes ouvrent le feu sur la tour de contrôle. « *En plus des tirs et du commandant de bord annonçant que les pirates menacent de faire sauter l'avion, nous savons que certains d'entre eux récitent la prière des morts*, explique Denis Favier. *Un couple de personnes âgées libéré peu avant confirme que le commando se prépare au pire. Il faut lancer l'assaut d'urgence.* »

À 17 h 15, trois escaliers mobiles chargés de gendarmes d'élite jaillissent à vive allure du hangar et foncent en direction de l'Airbus. Objectif : les deux portes arrière et celle située à l'avant droit. « *Nous sommes allongés sur les marches en aluminium, lestés chacun de 35 kg de matériel… L'approche est longue et les terroristes nous envoient une rafale* », rappelle Alain Pustelnik. Après un premier abordage avorté, le groupe de tête parvient à ouvrir la porte et saute dans l'habitacle sous le feu des pirates. « *Dès les premières secondes, Éric, le premier à entrer, prend une balle qui lui perfore l'omoplate ; le deuxième, Thierry, essuie une rafale de sept balles qui lui pulvérisent une partie de l'épaule et se logent dans son casque*, se souvient la "Puce". *J'arrive en troisième position et prends une balle dans la cuisse gauche. Je ressens comme une décharge électrique mais cela ne m'arrête pas. Vingt secondes plus tard, je suis touché au genou, je m'écroule sur un siège, sans m'apercevoir que j'avais un passager en dessous de moi. Soudain, une arme sort dans l'entrebâillement de la porte du cockpit : j'évalue la position du tireur et lui lâche une rafale au niveau de l'abdomen.* » Dans l'avion s'abat un déluge de feu. Des grenades et plus de mille cartouches seront tirées en seize minutes. En s'abritant derrière les corps des trois premiers terroristes, le chef du commando va vider des chargeurs avant d'être neutralisé par un tireur d'élite. Le commandant de bord est touché par un éclat. De son côté, le copilote Jean-Paul Borderie saute par une fenêtre, chute de sept mètres et s'affale sur le tarmac. Fémur brisé, victime de multiples fractures aux mains et aux avant-bras, il se relève en boitant. « *Ce 26 décembre a marqué le début d'une autre vie : j'ai l'impression d'être un miraculé car nous étions comme des rats dans le cockpit et les pirates ont été tués avant de pouvoir faire exploser leurs bombes* », confie-t-il.

Ulcérés de ne pas être livrés en carburant, les terroristes ouvrent le feu sur la tour de contrôle.

Face à l'assaut du GIGN, qui va déplorer dix blessés, dont neuf par balles, les terroristes n'ont à aucun instant visé les otages. Hagards, ceux-ci évacuent par les toboggans gonflables. Avec 173 otages libérés, dont 15 blessés légers, l'opération est une réussite. Le soir du dénouement, Édouard Balladur parade aux côtés de son ministre de l'Intérieur, Charles Pasqua. Dans un vibrant hommage, le ministre de la Défense, François Léotard, salue « *les militaires du GIGN qui ont fait preuve d'un remarquable sens tactique, d'un dévouement total et d'une détermination qui font honneur à la France* ». Dès le lendemain, François Mitterrand convie les gendarmes à l'Élysée pour leur témoigner « *la gratitude de la nation* ». Le GIGN reçoit l'hommage appuyé de ses pairs dont ceux des prestigieuses unités d'élite israéliennes, du 22e régiment du Special Air Service (SAS) britannique ou encore des Navy SEALs américains, les commandos de la Marine US.

Le lendemain, à Tizi Ouzou, quatre pères blancs sont assassinés en représailles. Le GIA revendique cette tuerie et appelle à un djihad qui, dès l'année suivante, ensanglantera la France. ■

Éditorial paru dans « Le Figaro » du 27 décembre 1994

La ligne jaune

Par Michel Schifres

Qui désapprouverait le dénouement de Marseille ? Qui ne se louerait de cet assaut, triomphe « technique », succès politique ? Personne assurément, tant le terrorisme est synonyme du mal. Seuls les terroristes, finalement, savent manier les symboles. Les démocrates, eux, s'y prennent toujours à deux fois : ils sont scrupuleux ; ils répugnent à la manipulation simpliste ; ils savent que la vérité ne s'accompagne pas du manichéisme. Les premiers n'ont pas ces pudeurs. Les intégristes islamistes d'Alger avaient donc choisi un avion français pour montrer que leur combat contre le pouvoir algérien se poursuivrait contre la France. Après avoir assassiné, en Algérie, des techniciens, des religieux, des journalistes, des représentants diplomatiques – tous étrangers –, ils ont choisi d'exporter leur guerre. Leur objectif était d'y impliquer la France. Il demeure. Le message reste on ne peut plus clair. De même, les conditions de l'opération étaient parfaitement « lisibles » : dès le début, la détermination et le sang-froid du commando n'ont fait aucun

LE FIGARO
premier quotidien national français

Le gouvernement français a refusé de céder au chantage des terroristes qui s'étaient emparés de l'Airbus

L'exploit du GIGN après 54 heures d'angoisse

La ligne jaune

L'intégrisme à l'assaut de l'Afrique noire

A dix jours du procès de la catastrophe de Furiani

L'ex-président du club de Bastia assassiné

Italie

Afghanistan

doute ; sa facilité à s'emparer de l'avion témoignait d'un réseau de complicités important ; le retour à un terrorisme disparu depuis quelques années, celui du détournement aérien avec prise d'otages, illustrait la recherche d'une médiatisation maximale du chantage. Même l'absence de revendications précises des fondamentalistes confirmait leur souci de marquer, en priorité, les imaginations et les consciences. Personne n'aurait compris que Paris fasse preuve de faiblesse, ni même de modération. Les négociations ayant échoué, un de ses premiers devoirs était de neutraliser les preneurs d'otages et de sauver le maximum de passagers. Et de rappeler du même coup la ligne jaune des démocraties, celle qui sépare la compréhension de l'inadmissible, l'indulgence de l'insupportable.

On peut espérer que la fermeté française fera réfléchir tous ceux pour qui le chantage tient lieu de politique. Rien, hélas, ne le prouve encore. Que la gestion du drame, ce week-end, ait refroidi les rapports entre Paris et Alger ne saurait satisfaire les fondamentalistes algériens. Que la France en appelle « simplement » à la démocratie et prône le « ni-ni » – à la fois, non au terrorisme, non au « tout-répressif » – ne leur suffit pas davantage : à terme, ils veulent obtenir la rupture entre Alger et le nouveau grand Satan qu'est devenue la France. Il n'est pas besoin d'être devin pour estimer que le gouvernement va devoir également, dans les prochains jours, faire œuvre de pédagogie. Notamment en une période électorale où les surenchères des démagogues vont se déchaîner et où le dossier algérien, avec les prolongements qu'on imagine, constituera un thème de campagne. Rien ne serait pire que céder aux facilités de l'amalgame, en particulier envers les Algériens de France qui se sentent étrangers au conflit. Faute de trouver les coupables, il est souvent commode d'accuser les innocents. ■

Analyse parue dans « Le Figaro » du 28 décembre 1994

Paris dans le piège algérien

Par Patrick de Saint-Exupéry

En libérant les otages du vol AF8969, la France a certes marqué un point contre les islamistes. Mais elle risque de se retrouver prise dans un engrenage. L'assassinat, hier matin, de quatre pères blancs – trois Français et un Belge – est venu tragiquement rappeler que, dans la crise algérienne, Paris reste à la merci d'une situation qui échappe à tout contrôle.

À la manière des milliers d'Algériens qui n'ont aucune envie de se trouver partie prenante d'une guerre civile, le gouvernement français s'est vu sommé ces derniers jours de choisir son camp. Le but des islamistes est clair : pousser Paris à la rupture avec les autorités d'Alger en utilisant tout le symbolisme du terrorisme pour déconsidérer un gouvernement algérien

L'ÉVÉNEMENT

Après le dénouement du détournement de l'avion d'Air France

Paris dans le piège algérien

Dans l'Airbus, 20 bâtons de dynamite

La valse-hésitation de Zéroual

lancé dans une politique de répression tous azimuts. De la même manière, les intentions des « éradicateurs » aujourd'hui au pouvoir sont elles aussi transparentes : jouer de la peur du terrorisme et de la contamination islamique pour obtenir de Paris un soutien sans faille. Curieusement, trente-deux ans après l'indépendance de l'Algérie, la France se trouve ainsi – et à son corps défendant – en position d'arbitre.

Alain Juppé a beau le répéter sur tous les tons – *« nous ne soutenons pas tel ou tel régime en Algérie : notre seul parti, c'est la démocratie »* –, il n'est guère entendu. Le procès d'intention contre la France est bien plus facile à mener et bien plus rentable en termes de propagande : Paris n'a-t-il pas été présenté de tout temps par les autorités et les intellectuels algériens comme le deus ex machina de leur pays ?

Pris, comme l'a déclaré Alain Juppé, entre *« les fanatiques du FIS »* et *« ceux qui voient dans le tout-répressif et le tout-sécuritaire la seule solution au drame que vit l'Algérie »*, Paris n'a pourtant aucun recours.

Si ce n'est subir – fermeture du consulat français d'Alger à la suite de l'attaque terroriste contre la cité d'Ain Salah, fermeture du lycée français d'Alger, condamnations rituelles après l'assassinat de ressortissants français –

et parfois réagir, au coup par coup, lorsque des attaques sont lancées directement contre des intérêts français, comme l'Airbus d'Air France.
Cette navigation à vue est rendue d'autant plus dangereuse qu'en face, en Algérie, deux stratégies jusqu'au-boutistes s'affrontent dans une lutte qui ne recule devant aucun moyen.
À tous ceux qui en auraient douté, le gouvernement algérien a spectaculairement fait la preuve de sa « détermination » durant le détournement de l'avion d'Air France : refusant jusque tard dans la nuit du dimanche tout compromis, les autorités algériennes ont longtemps tenu envers leurs homologues français un *« double langage »*, selon le mot d'un diplomate.
En clair, alors même que la vie des otages était menacée, Alger ne transmettait à Paris que des informations se voulant rassurantes. *« Lors de l'ultimatum visant un Français, les Algériens nous avaient affirmé qu'il s'agissait d'un bluff »*, affirmait hier un diplomate français. Du dramatique dialogue dimanche soir à 21 heures entre le cuisinier de l'ambassade de France – convoqué par les pirates de l'air dans le cockpit – et la tour de contrôle d'Alger : *« Si vous n'acceptez pas le départ de l'avion, ils vont me tuer ! »*, Paris n'eut aucun écho officiel. De même, les Français ne furent pas informés de la demande du pilote de l'Airbus qui, dimanche, dès huit heures, demandait à entrer en contact avec l'ambassade de France en Algérie.
Ces échanges, enregistrés grâce à un dispositif spécial d'écoute mis en place par les Français, furent à l'origine de la mise en cause de l'attitude des autorités algériennes exprimée dès dimanche matin par Alain Juppé et reprise hier soir : *« Nous avons dû marquer fortement notre détermination vis-à-vis des autorités algériennes pour ne pas se laisser créer les conditions d'une effusion de sang en Algérie et notre volonté de récupérer l'avion »*, répétait Alain Juppé.
À supposer que Paris ait jusqu'ici fait entièrement confiance à Alger, un coin se trouve maintenant enfoncé entre les deux gouvernements.
Les islamistes qui, dans leur communiqué, affirmaient avoir lancé l'attaque en réponse à *« l'aide inconditionnelle politique, militaire et économique de la France »* peuvent être peu ou prou satisfaits : l'opération n'est pas totalement un échec.
D'autant qu'Alain Juppé a lancé un avertissement à peine voilé aux militaires aujourd'hui au pouvoir à Alger : *« Lorsqu'on veut participer à un processus diplomatique*, a-t-il dit, *il faut accepter les règles de la démocratie et la règle de base c'est l'alternance. Quand on gagne des élections, c'est très bien ; mais quand on perd, on s'en va. »* Cette allusion à l'annulation du premier tour des élections législatives remportées en décembre 1991 par le FIS risque de faire grincer bien des dents à Alger.
Reste que, dans le même temps, le ministre des Affaires étrangères a assuré qu'il *« ne pensait pas qu'il y ait lieu de changer la ligne politique vis-à-vis de l'Algérie »*.
Selon un diplomate, les relations économiques ne seraient pas, elles non plus, remises en question.
Le soutien financier au gouvernement algérien, dénoncé par les islamistes, représente environ 6 milliards de francs. Paris reste le premier fournisseur de l'Algérie et son second client.
Pour Gilles Kepel, chercheur au Ceri (Centre d'études et de recherches internationales), aujourd'hui *« rien ne permet d'exclure que les acteurs du jeu politique algérien fassent d'autres tentatives pour faire déborder le conflit sur la France »*.
Une menace d'autant plus crédible que, selon Alain Juppé, *« malheureusement, la solution au drame algérien n'est pas proche »*. ■

UN
UN

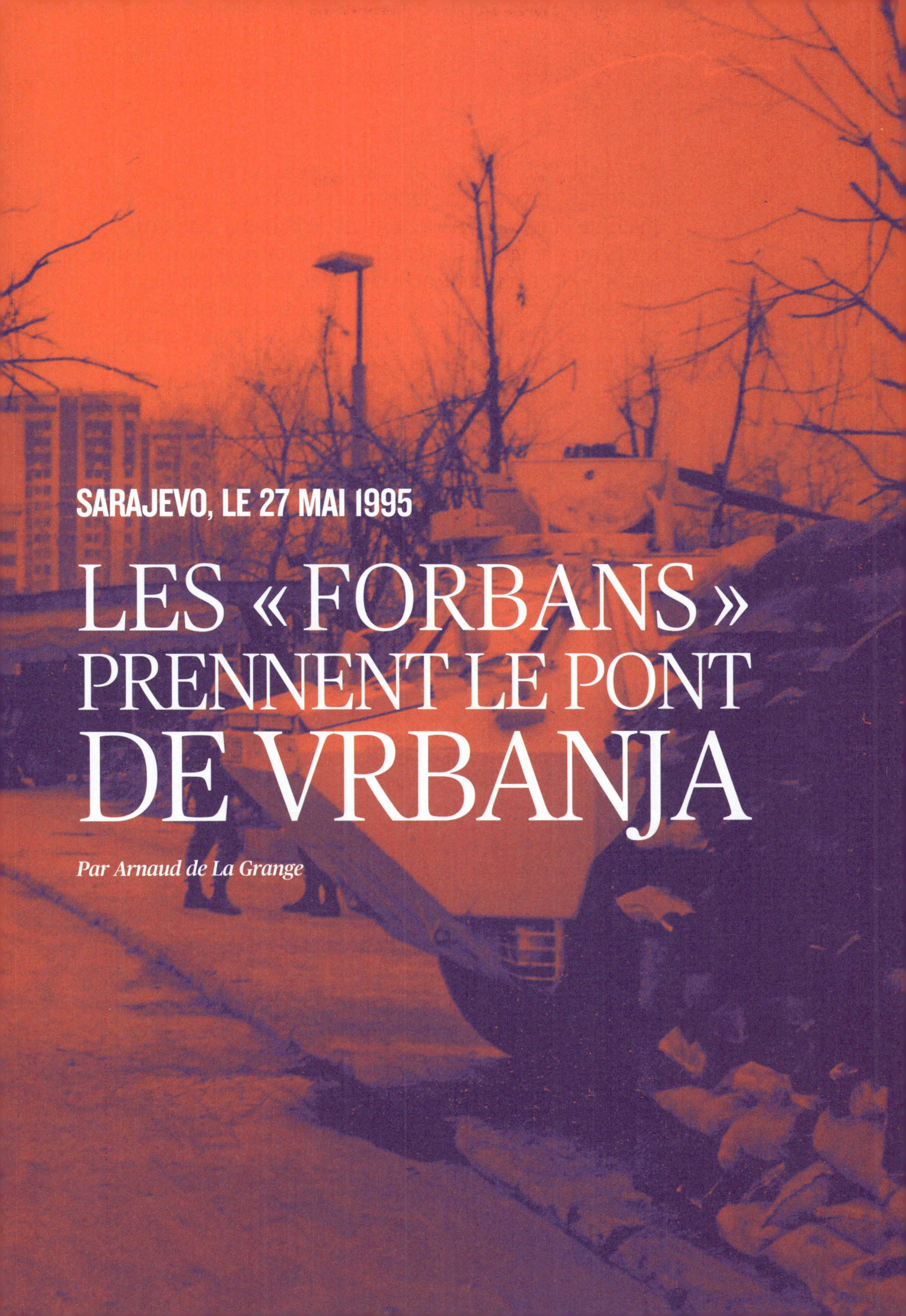

SARAJEVO, LE 27 MAI 1995

LES « FORBANS » PRENNENT LE PONT DE VRBANJA

Par Arnaud de La Grange

Le 27 mai 1995, des soldats français reprennent aux forces serbes un de leurs postes, capturé la veille avec quatorze otages. L'assaut du pont de Vrbanja fait partie de ces moments qui restent dans l'Histoire par leur charge symbolique. Avec cette action d'éclat, les Casques bleus « sortent des clous » du mandat onusien. Les soldats français ouvrent la voie de la fermeté. À la fin de l'année, les accords de Dayton mettront fin au conflit.

DOUBLE PAGE PRÉCÉDENTE : À L'ENTRÉE DU PONT DE VRBANJA, À SARAJEVO, LES CASQUES BLEUS FRANÇAIS AVEC LEURS BLINDÉS PEINTS EN BLANC.

Le pont de Vrbanja est une « clé » de Sarajevo. Situé à l'angle nord-est de Gorbavica, le grand quartier serbe qui forme une encoche dans la capitale, il ouvre sur la vieille ville, la présidence et les principaux bâtiments publics bosniaques. Cette situation stratégique explique qu'il ait été le théâtre d'affrontements parmi les plus violents qu'ait connus la Bosnie. Et pourquoi les Casques bleus français y ont installé, sur la berge sud de la Miljacka, un poste tenu par une dizaine d'hommes.

Il est 4 h 50, ce samedi 27 mai 1995. Le contrôle radio effectué depuis le PC de la 1re compagnie du 3e régiment d'infanterie de marine (3e RIMa) demeure sans réponse. Depuis deux jours, le capitaine François Lecointre – devenu depuis chef d'état-major des armées (CEMA) en juillet 2017 – a donné pour consigne à ses postes de se signaler toutes les heures. Les temps sont à l'orage. En représailles à un bombardement effectué près de Pale, la « capitale » des Serbes de Bosnie, ces derniers se sont livrés à une série de prises d'otages. On se souvient de ces images de Casques bleus placés dans des situations impossibles, se rendant à des miliciens dépenaillés, drapeau blanc à la main.

En cette aube printanière, l'officier décide d'aller lui-même voir ce qui se passe. Aux alentours de Sierra Victor, rien d'anormal. À l'extérieur, le site a l'allure d'un gros bunker recouvert de sacs de sable. À l'intérieur, c'est un dédale de boyaux et de sombres recoins. Au moment où il franchit la porte Est, le capitaine »

BOSNIE-HERZÉGOVINE

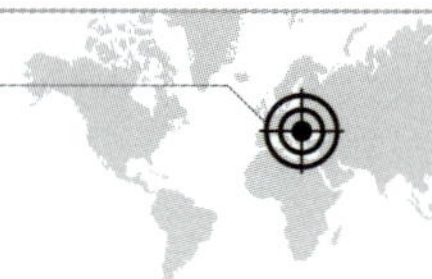

Corps à corps à Sarajevo

Les soldats serbes engagés dans le blocus de Sarajevo ont pris possession du poste d'observation des Casques bleus français, situé près du pont de Vrbanja. Le 3e RIMa lance l'opération reconquête.

1 **27 mai 1995, 4 h 30**

Déguisés en Casques bleus, des soldats serbes prennent en otages douze soldats français postés sur Sierra Victor.

2 **7 h 00**

Le capitaine Lecointre reçoit l'ordre de reprendre la position. La section du lieutenant Heluin est choisie pour mener l'attaque.

3 Baïonnette au Famas, **trente et un soldats du 3e RIMa** traversent les lignes bosniaques, et se tiennent prêts pour l'assaut.

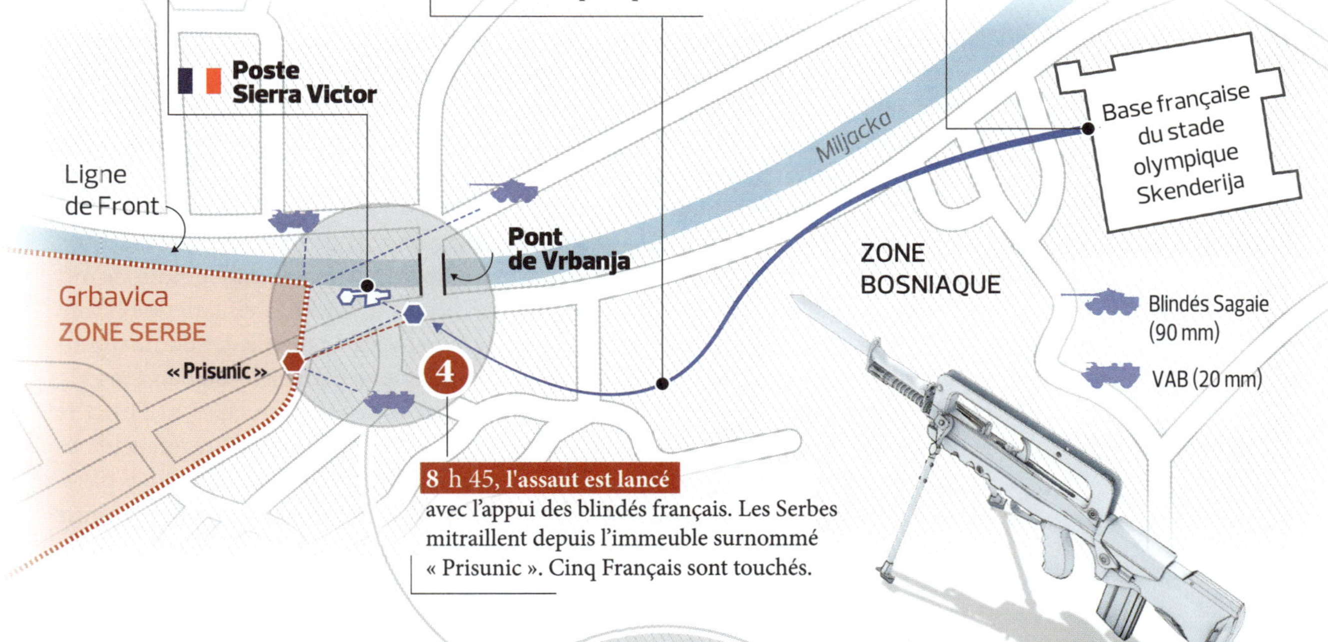

4 **8 h 45, l'assaut est lancé**

avec l'appui des blindés français. Les Serbes mitraillent depuis l'immeuble surnommé « Prisunic ». Cinq Français sont touchés.

5 Les soldats du 3e RIMa pénètrent dans le poste sous le feu ennemi. **Les Serbes refluent dans la « zone vie ».**

6 Le lieutenant Heluin **lance une grenade offensive dans la « zone vie »**. Explosion d'une bouteille de gaz. Heluin est touché.

7 Lecointre reprend la tête de l'assaut et **s'engage vers la redoute Ouest**

8 **9 h 08**

Les Serbes placent deux otages à l'entrée de la redoute. **Les Français cessent le combat.** Les négocations pour échanger les prisonniers vont durer jusqu'au soir.

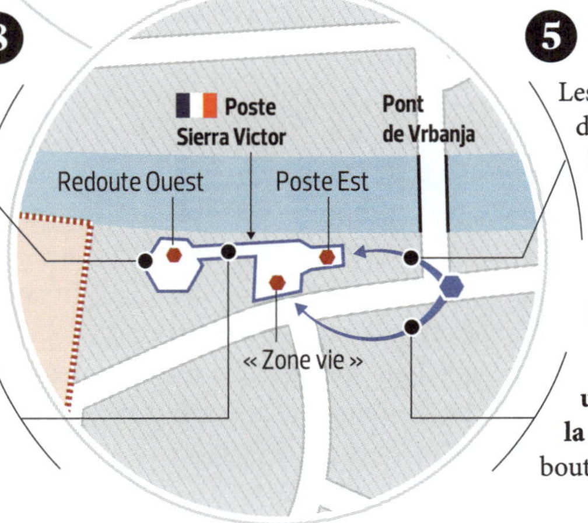

100 soldats français engagés | **2** soldats français tués | **17** soldats français blessés | **4** soldats serbes tués | **4** soldats serbes capturés

» Lecointre espère trouver un opérateur radio assoupi. Dans la pénombre, il tombe bien sur un homme en casque bleu et gilet pare-balles ONU. Mais c'est un Serbe qui lui pointe son fusil sur la poitrine, lui ordonne de donner son arme et lui annonce qu'il est désormais otage. L'officier ne se démonte pas. Il répond qu'il n'en est pas question, qu'il va rendre compte à ses chefs et tourne les talons... Le Serbe le poursuit mais tombe sur le fusil Famas dissuasif du sergent Taupaka. Le costaud Wallisien bloque le canon sous le maxillaire du milicien. Les deux Français peuvent repartir.

SANS LE FEU VERT DE PARIS. Retour à la Skenderija, l'ancienne patinoire des JO de 1984, où s'est installé le bataillon d'infanterie (Batinf 4), au cœur de Sarajevo. Un autre bataillon est basé à l'aéroport. Il est 5 h 45 et le capitaine Lecointre rend compte au colonel Sandahl, qui commence immédiatement à échafauder un plan de reconquête. Par téléphone, le colonel informe le général Hervé Gobilliard, qui commande le secteur de Sarajevo dans le cadre de la Forpronu (Force de protection de l'ONU, mise sur pied en 1992). En un quart d'heure, le général prend la décision de donner l'assaut. De sa propre initiative, sans en référer à l'ONU. Cet acte offensif sort du mandat donné aux Casques bleus et, de toute manière, la lourdeur de la chaîne de commandement risquerait de tout compromettre.

Le général doit aussi se passer du feu vert de Paris. « *Deux éléments ont guidé ma décision*, a confié le général Gobilliard. *D'abord, une conversation la veille avec l'état-major des armées m'avait informé de l'état d'esprit du nouveau président de la République. Jacques Chirac était ulcéré par les prises d'otages et estimait que la coupe était pleine, que le temps de l'humiliation était terminé. Ensuite, si l'on voulait agir, il fallait le faire immédiatement, avant que les Serbes ne se renforcent.* »

À 6 h 45, le général valide le plan du colonel Sandahl. Il est classique : infiltration d'un élément d'infanterie jusqu'à sa base d'assaut, appui avec des éléments blindés. La difficulté tient à la topographie et à l'imbrication des forces en présence. Le poste de Vrbanja est situé au bas d'une ligne de crête qui descend du cimetière juif jusqu'au pont. De part et d'autre, les forces bosniaques et serbes. Les premières tiennent un gros immeuble cubique, Union Invest. En face, les tireurs serbes sont postés dans deux immeubles de sept ou huit étages, baptisés Prisunic et Central.

La section du lieutenant Heluin, les « Forbans », est choisie pour mener l'attaque. Relevée la veille après avoir passé dix jours dans le poste de Vrbanja, elle connaît parfaitement les lieux. À 8 heures, la trentaine d'hommes se met en branle à bord de véhicules de l'avant blindé (VAB). Surpris, les combattants bosniaques regardent les soldats français, qui ont laissé leurs véhicules au cimetière nord, s'infiltrer à pied à travers leurs lignes. À 8 h 45, les hommes menés par le lieutenant Heluin et le capitaine Lecointre sont en position d'attaque, tapis dans un fossé d'écoulement des eaux. Les éléments d'appui sont prêts : des blindés Sagaie, équipés de canons de 90 mm, et des VAB équipés de canons de 20 mm.

Le capitaine Lecointre donne l'ordre de placer les baïonnettes sur les canons et de monter à l'assaut. Un premier groupe bondit hors de la tranchée. Il est aussitôt pris à partie par les Serbes. Des tirs violents de tous calibres les clouent au sol. Les Serbes disposent notamment de trois mitrailleuses de 14,5 mm, postées dans les immeubles Central et Prisunic. Cinq Français sont touchés, dont trois grièvement. Le colonel Sandahl déclenche les tirs d'appui au canon. En se décalant d'une vingtaine de mètres, le lieutenant Heluin s'élance à son tour à découvert. « *En théorie, il aurait fallu monter à l'assaut en ligne,* raconte-t-il, *mais l'exiguïté du layon nous a obligés à foncer les uns derrière les autres.* » Le capitaine Lecointre suit avec son radio. Les tirs serbes, y compris de mortier, redoublent. « *On a riposté tout en fonçant,* a raconté le caporal-chef Olivier Launay, tireur Minimi (une mitrailleuse légère de 5,56 mm), *tout est allé très vite. C'était noir devant moi, je ne pensais plus à rien, ni à ma famille ni à la peur qui avait précédé.* » Un nouveau bond et Heluin pénètre dans le poste suivi de ses hommes. Les Serbes refluent vers la « zone vie », laissant un mort derrière eux. Il faut alors progresser mètre par mètre dans le réduit.

UN ASSAUT DE VINGT-TROIS MINUTES. Alors qu'il se place sur le toit pour couvrir le bond suivant, le marsouin Humblot est tué par une balle d'un tireur embusqué. Un autre marsouin, Amaru, qui appuyait l'attaque à la mitrailleuse 12,7 mm depuis le poste du cimetière juif nord, est tué d'une balle dans la tête. « *Pour neutraliser les Serbes retranchés dans la zone vie, je lance une grenade offensive avant d'y pénétrer,* a raconté Heluin, *mais elle provoque l'explosion d'une grosse bouteille de gaz.* » Le lieutenant s'écroule, touché par un éclat au front. Le capitaine Lecointre reprend la tête de l'assaut. Deux autres Serbes sont tués et quatre faits prisonniers. Deux autres Français sont blessés. Lecointre s'engage dans le couloir qui mène à la redoute ouest où se sont repliés les Serbes. On se bat au corps à corps. Un mort et un blessé grave côté serbe. Deux nouveaux blessés côté français. Ils ne sont plus que cinq à se préparer à lancer l'assaut sur le dernier réduit. Et là, coup de théâtre, les Serbes se présentent à l'entrée, poussant devant eux deux otages français (les douze autres ont été emmenés ailleurs), fusils d'assaut AK-47 braqués sur la nuque.

Pour compliquer le tout, les Bosniaques ont ouvert le feu depuis Union Invest. Croyant avoir affaire à des Serbes, ils blessent l'un des otages à la jambe. Le capitaine Lecointre rend compte au chef de corps. « *Je lui ai demandé de cesser le combat,* nous a-t-il raconté, *et de tenter un échange entre les prisonniers que nous avions faits et nos hommes.* » Accord. Il est 9 h 08, l'assaut a duré vingt-trois minutes.

Les Serbes se présentent à l'entrée, poussant devant eux deux otages français, fusils d'assaut AK-47 braqués sur la nuque.

Le colonel Sandahl arrive sur les lieux et prend en charge les négociations. Les « Forbans », qui comptent deux tués et dix-sept blessés, sont relevés. Les discussions vont durer tout l'après-midi, alors que les blessés sont échangés. À un moment, les Serbes se livrent à un simulacre d'exécution sur un otage. À la nuit tombée, les Serbes restants quittent les lieux en tentant d'emmener un otage. Mais celui-ci parvient à prendre la fuite et à courir vers les lignes françaises. « *Lui, il aura vraiment eu de la chance, en ne se faisant tuer ni par les Serbes ni par les Bosniaques ni par nous* », a commenté en souriant Heluin.

Chez les Serbes de Bosnie, on enrage contre le coup de force français. L'état-major du général Mladic fait savoir au général Gobilliard qu'un otage français sera exécuté tous les quarts d'heure si les prisonniers serbes ne sont pas libérés. L'officier ne cédera pas au chantage. Tous les otages seront finalement libérés le 17 juin. ■

LE PONT DE VRBANJA. DERRIÈRE L'ARBRE, LE DRAPEAU FRANÇAIS FLOTTE AU-DESSUS DU POSTE SIERRA VICTOR. AU FOND À DROITE, L'IMMEUBLE UNION INVEST TENU PAR LES BOSNIAQUES.

PENDANT LA GUERRE, LE PONT MARQUAIT LA LIGNE DE FRONT ENTRE SERBES ET BOSNIAQUES.

UN BLINDÉ FRANÇAIS POSTÉ AU BORD DE LA MILJACKA SURVEILLE L'AUTRE RIVE.

TROIS CASQUES BLEUS FRANÇAIS EN FACTION SUR LE PONT. DERRIÈRE EUX, LES IMMEUBLES PRISUNIC ET CENTRAL TENUS PAR LES TIREURS SERBES.

Général François Lecointre : « Vrbanja, c'est la dignité retrouvée »

Propos recueillis par Arnaud de La Grange

EN 1995, l'actuel chef d'état-major des armées (CEMA) mena l'assaut à Sarajevo pour libérer les Casques bleus français. Il revient sur ces rudes combats et sur leur retentissement considérable en France et sur l'issue du conflit en Bosnie. Celui qui commanda plus tard le 3e RIMa de Vannes et participa à la première guerre du Golfe et aux opérations extérieures au Rwanda et en Côte d'Ivoire explique le sens des engagements d'aujourd'hui. Devenu le chef de forces françaises déployées sur de nombreux fronts, il expose sa vision du commandement et comment donner au combattant un sens à toutes ses missions. Le CEMA, qui contribua dans ce but au lancement la revue de l'armée de terre *Inflexions*, insiste sur l'importance de la réflexion pour diriger une armée au XXIe siècle.

LE FIGARO.- En quoi l'assaut de Vrbanja a-t-il été une rupture, tant sur le terrain en ex-Yougoslavie que dans l'armée française ?

Général François LECOINTRE.- La reprise du poste de Vrbanja par le BATINF 4 (RICM-3e RIMa) le 27 mai 1995 est une opération dont le retentissement et la valeur symbolique doivent sans doute autant aux circonstances et au contexte politiques du moment, qu'à l'importance tactique de cette opération. Il faut se rappeler le contexte ; celui d'une mission d'interposition de l'ONU, un engagement commencé en 1992 depuis la province de Krajina, rapidement étendu à Sarajevo et à l'ensemble de la Bosnie-Herzé-

govine. Cela faisait presque deux ans que le BATINF 4 avait été déployé en plein cœur de Sarajevo, dans l'espoir hélas illusoire de s'interposer entre Serbes et Bosniaques et surtout de protéger la population, prise au piège sous les tirs des snipers ou les obus d'artillerie. Dans l'exécution de cette mission d'interposition, nous nous faisions « *tirer dessus comme des lapins au champ de foire* », ainsi que la presse n'a pas manqué de le relever. Moins de vingt-quatre heures après notre arrivée, nous avons eu notre premier blessé, pris sous un tir de mortier, à évacuer et à rapatrier vers la France.

Surtout, Vrbanja intervient au paroxysme de la crise des militaires de l'ONU faits prisonniers par les Serbes. Les images de ces hommes présentés comme des otages avaient profondément ulcéré le président Chirac récemment élu. L'ancien sous-lieutenant de la guerre d'Algérie ne pouvait supporter de voir un drapeau blanc brandi par des soldats français impuissants.

Vrbanja, comme il le dira lors de l'hommage national rendu aux marsouins du 3e RIMa à Vannes, c'est un sursaut d'orgueil, ce sont des Casques bleus qui montent à l'assaut, c'est « *la dignité retrouvée* ».

Vous avez un jour parlé du « *stress du sens* ». L'assaut de Sarajevo, comme d'autres opérations qui ont suivi, ne pose-t-il pas la question de la difficulté des engagements d'aujourd'hui»

« Nous nous faisions tirer dessus comme des lapins au champ de foire. »

» **(avec parfois des missions internationales aux mandats vagues) : les soldats n'ont-ils pas du mal à faire le lien entre un objectif très général et leur action au quotidien ?**

Il n'y a pas que les soldats qui se posent des questions, leurs cadres également sont sujets à ces interrogations. Nous passions beaucoup de temps à Sarajevo à nous interroger, entre marsouins de la compagnie, avec nos camarades du RICM qui armait le gros du bataillon, avec le colonel Sandahl qui nous commandait.

Outre mon passage quotidien sur les postes de la compagnie, j'avais tous les soirs un long contact radio avec mes chefs de section. Ce lien est vital. Il compte plus que tout. Le chef a la responsabilité de partager avec ses hommes, le plus souvent possible, ses réflexions sur le sens de la mission. L'action au quotidien peut, en effet, sembler n'avoir qu'un rapport très lointain avec l'objectif très général. Et pour autant, le plein succès de la mission dépend – directement ou indirectement – de la réussite de cette action. Chacun doit en avoir conscience. Chacun doit être pénétré de l'esprit autant que de la lettre de la mission, pour exercer pleinement son initiative quand elle sera nécessaire. Tant il est vrai qu'aujourd'hui l'initiative au combat est la forme la plus élaborée de la discipline.

« Tout part de la réflexion intime, personnelle, du chef et du dialogue avec ses hommes. »

Comment, chez le soldat d'aujourd'hui qui est né et vit dans une Europe en paix malgré ses problèmes, passer facilement d'une situation où il faut maîtriser la violence à une autre où il faut la libérer ? Comment prépare-t-on nos militaires à cela ?

C'était ce que nous vivions déjà à Sarajevo, et c'est ce qu'illustre Vrbanja. C'est la capacité en apparence étonnante à passer sans transition d'une posture de neutralité et d'observation à un acte militaire aussi brutal qu'un assaut d'infanterie pour revenir à nouveau à la négociation. C'est en réalité le signe d'une absolue maîtrise de la force.

Il est vrai que ce sursaut offensif avait surpris. En effet, cette capacité ne s'improvise pas. Elle repose sur l'attention permanente des chefs, sur leur propre préparation aux conditions d'exécution de la mission. Elle s'entretient par une réflexion proprement philosophique sur notre vocation de soldat, sur l'obligation qu'elle nous fait de devoir donner la mort sur ordre, d'être capable de déchaîner la violence et de toujours savoir la maîtriser, individuellement autant que collectivement.

Quand j'étais chef de corps en mission en Côte d'Ivoire, dans une situation également ambiguë, j'avais fait développer des modes d'action qui nous permettaient, tout en étant strictement en état de légitime défense, d'avoir une manœuvre tactique, d'employer nos moyens de façon adaptée, d'ouvrir le feu à coup sûr. Tout part de la réflexion intime, personnelle, du chef et du dialogue avec ses hommes.

Avec les engagements incessants en Afghanistan, au Levant ou au Sahel, les nouvelles générations de cadres et de soldats n'ont-elles pas toutes à un moment ou un autre une expérience de combat ? Cette nouvelle donne change-t-elle l'état d'esprit et la psychologie de nos troupes ?

Il est certain que l'expérience du combat est plus répandue qu'il y a vingt ans, du fait de ces engagements, quand bien même il faut les considérer séparément pour en mesurer les acquis et en tirer les enseignements. Les modes d'action utilisés, les capacités mi-

« À rebours de l'image communément répandue, nous passons notre temps à réfléchir la guerre. »

ses en œuvre, les concepts d'opération diffèrent selon ces théâtres.

La contribution des armées est également différente : l'artillerie, pour ne citer qu'elle, a eu un emploi beaucoup plus intense – et décisif – au Levant qu'au Sahel. Nul doute que l'engagement de nos artilleurs au sein de la Task Force Wagram a contribué à faire évoluer l'état d'esprit et la doctrine de cette arme. La perspective, autrefois lointaine, du combat constitue une réalité tangible dans les armées.

Il faut veiller, pourtant, à ne pas se focaliser sur une seule expérience opérationnelle. Nous avons connu cela avec l'engagement en Afghanistan ; certains militaires sont allés jusqu'à considérer qu'ils y avaient connu le paroxysme du combat et que la suite de leur carrière ne leur apporterait plus cette intensité. Il nous faut lutter contre ce qu'un de mes chefs de corps avait identifié comme le « *désenchantement du guerrier* » de retour d'opération. Une armée est tout aussi utile dans son emploi en opération que par l'effet qu'elle produit à force de persévérance dans l'entraînement et d'exigence dans la réflexion. Une armée qui n'est pas employée est aussi une armée qui sert, par sa puissance dissuasive.

À rebours de l'image communément répandue, nous passons notre temps à réfléchir la guerre, à la conceptualiser. Il n'y a pas de plus grand scandale que de faire un métier qu'on ne sait pas.

A-t-on, de ce fait, une armée plus aguerrie dans sa globalité, par rapport à la période d'avant 1991, où seules quelques unités d'élite étaient engagées au feu ?
Elle est plus aguerrie, elle est aussi beaucoup mieux préparée. Regardez la transformation physique et technique de nos militaires depuis vingt ans. Ils sont affûtés, ils maîtrisent leurs automatismes de combat, ils manipulent des armes chargées sans difficulté. Ceci grâce à une pratique du sport, à une méthode d'instruction du tir, à des techniques mieux enseignées.

Notre armée a atteint également un très haut niveau de technicité et de performance. Considérez la complexité de l'opération Hamilton, ce raid mené en avril 2018 sur les capacités d'armes chimiques du régime syrien. Cette opération combinait un raid aérien parti de France, avec une organisation logistique des plus complexes, avec l'action de frégates multimissions croisant en Méditerranée, pour aboutir à des tirs de missiles parfaitement synchronisés avec nos alliés américains et britanniques sur les objectifs que nous avions retenus. C'est une prouesse tant opérationnelle que technologique et humaine. Rares sont les pays capables de mener ce type d'opérations.

L'évolution se mesure aussi à la qualité de l'équipement, collectif et individuel, et à l'évolution du soutien dans toutes ses dimensions. Pour ne prendre qu'un exemple, l'amélioration de l'instruction sur le sauvetage au combat qui concerne tous les militaires, sans distinction de grade ni de spécialité, a grandement contribué à l'amélioration de la prise en charge des blessés. Je ne manquerai jamais de souligner l'importance fondamentale du service de santé des armées qui s'adapte sans cesse à l'évolution des conditions du combat pour porter secours au plus près. Je pense avec émotion au médecin des armées Marc Laycuras, à sa famille et à ses proches. Il est tombé au Mali le 2 avril, alors qu'il participait précisément à ces missions de soutien médical au plus près des combattants. ■

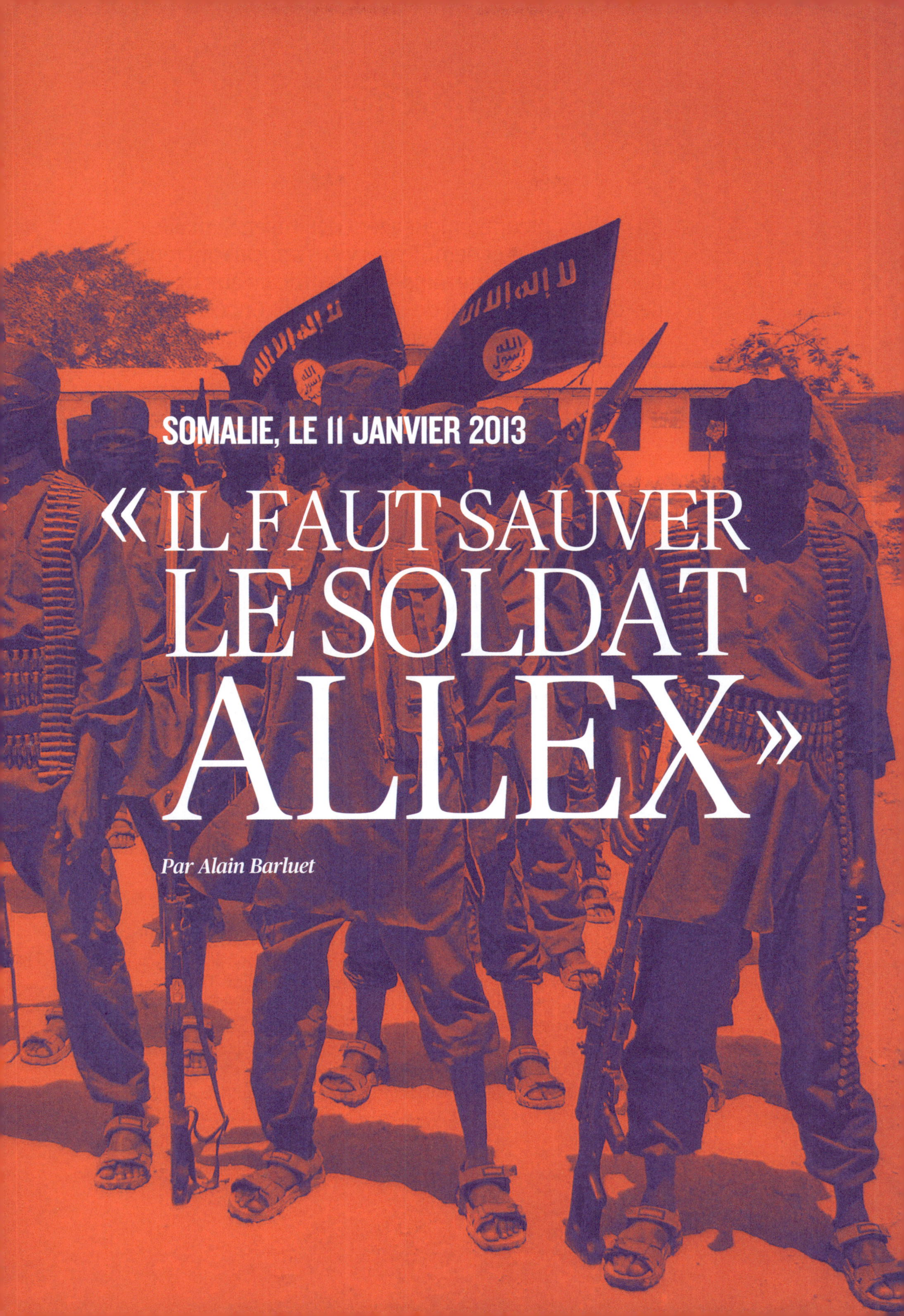

SOMALIE, LE 11 JANVIER 2013

« IL FAUT SAUVER LE SOLDAT ALLEX »

Par Alain Barluet

En voulant récupérer leur agent détenu en Somalie depuis trois ans et demi, les services français ont tenté une action périlleuse dans ce pays africain aux mains des djihadistes. Jouant de malchance, ils ont échoué tandis que le militaire a été exécuté par ses geôliers.

Cette opération menée en janvier 2013 restera comme l'une des plus périlleuses et des plus complexes jamais montées par les « services » français. Celle dont l'échec fut l'un des plus cuisants aussi. Car les immenses efforts déployés pendant de longs mois par la Direction générale des services extérieurs, la DGSE, pour libérer un de ses agents détenu en Somalie par des islamistes radicaux n'ont pas été payés de succès.

Au terme d'un raid nocturne digne d'un film de guerre à gros budget, l'otage et deux autres militaires ont été tués. Pire, les corps de deux d'entre eux n'ont pu être récupérés et sont restés sur le terrain. Six ans après, les visages de ceux qui acceptent de témoigner s'assombrissent en évoquant l'affaire. Comme si la rage le disputait toujours aux regrets de n'avoir pu réussir cette mission extrême, d'avoir échoué à extraire un camarade des geôles où il vivait un calvaire depuis trois ans et demi.

DOUBLE PAGE PRÉCÉDENTE : LES SHEBAB, DJIHADISTES SOMALIENS RAVISSEURS DE DENIS ALLEX, PARADANT AVEC LE DRAPEAU NOIR DES TERRORISTES ISLAMISTES.

Le 14 juillet 2009, l'adjudant-chef Denis Allex est enlevé dans un hôtel de Mogadiscio, la capitale somalienne, où il est instructeur pour les forces gouvernementales de ce pays en plein chaos. Avec lui, ce même jour, un autre agent de la DGSE, Marc Aubrière, est pris en otage. Conformément aux usages dans les services secrets, l'identité des deux hommes est fictive, leurs véritables noms ne seront jamais révélés. Un mois plus tôt, l'armée française a mené en mer Rouge des opérations contre des pirates somaliens qui s'en étaient pris à des bateaux battant pavillon tricolore.

Marc Aubrière, détenu par le groupe djihadiste Hizbul Islam, parviendra à s'évader un mois plus tard. Denis Allex, lui, est tombé dans les mains d'un groupe plus radical, Harakat al-Chabab al-Moudjahidin, les Shebab, dont les miliciens ont fait allégeance à al-Qaida. Une longue et dure captivité commence pour cet agent du Service action (SA) de la DGSE, la quarantaine sportive, ancien nageur de combat, marié et père de trois enfants. Rattaché au Centre parachu- ▸▸

SOMALIE

Les djihadistes repèrent le commando avant l'assaut

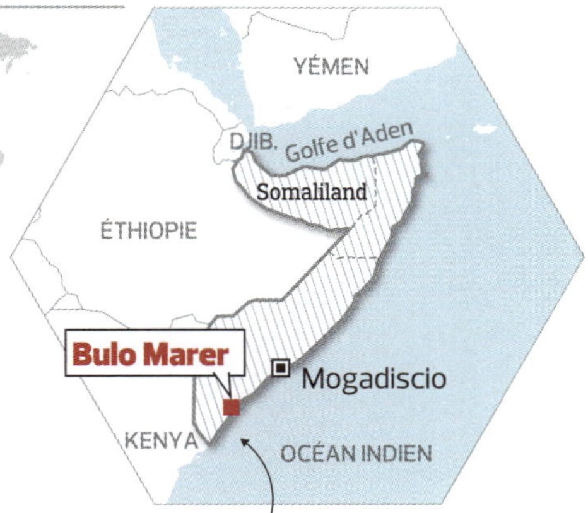

Le 14 juillet 2009, un agent de la DGSE, Denis Allex, est enlevé à Mogadiscio. L'opération lancée pour le libérer se solde par un échec.

Eté 2012 : l'otage est localisé dans le secteur de Bulo Marer. Sa présence est confirmée par les agents du Service action de la DGSE. Il est retenu dans une maison en pisé dont une porte donne dans une cour entourée d'un mur.

Un sergent-chef de la DGSE est tué alors qu'il escalade le mur pour ouvrir le portail de la cour. **Les militaires font face à une très forte opposition. L'otage est exécuté par les Shebab.**

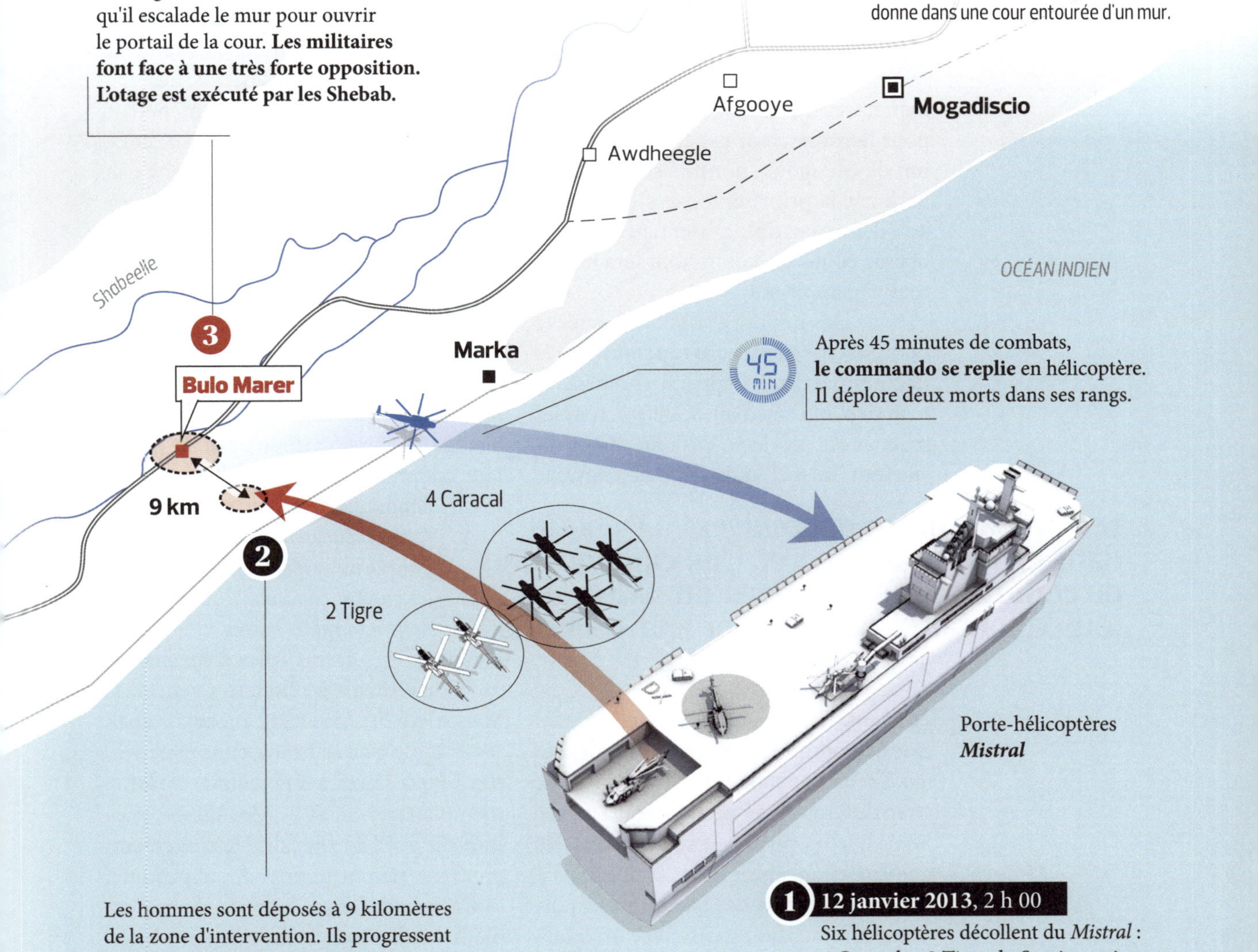

Après 45 minutes de combats, **le commando se replie** en hélicoptère. Il déplore deux morts dans ses rangs.

Les hommes sont déposés à 9 kilomètres de la zone d'intervention. Ils progressent à pied, équipés de lunettes à vision nocturne. Arrivé à proximité de la maison où est retenu l'otage, un commando butte sur un homme endormi au sol. **Ils sont repérés. L'effet de surprise est manqué.**

1 **12 janvier 2013**, 2 h 00
Six hélicoptères décollent du *Mistral* : 4 Caracal et 2 Tigre du Service action de la **DGSE et du COS**. À bord, une quarantaine de commandos. **L'opération bénéficie de l'aide d'avions et d'un drone américains.**

2 *morts dans l'équipe d'assaut* | **1** *otage exécuté* | **17** *Shebab tués* | **350** *personnels de l'armée* | **40** *commandos engagés*

» tiste d'instruction spécialisé (CPIS) de Perpignan, l'ancien 11e Choc, l'une des bases du SA, Allex est un habitué des missions ardues. En 2005, après dix-huit ans de service, il a été cité et décoré de la médaille militaire.

UN INTERMINABLE SILENCE. À la « Centrale », ainsi surnomme-t-on la DGSE dont le siège est situé caserne Mortier, porte des Lilas à Paris, la capture de Denis Allex est vécue comme un choc. Pour les hommes et les femmes des « services extérieurs », qui connaissent pourtant les risques du métier, cette affaire va devenir la leur. Et pour leur directeur général, Érard Corbin de Mangoux, nommé sous Nicolas Sarkozy, la priorité, l'obsession même, sera désormais de localiser l'agent et de le libérer, coûte que coûte. Tout sera mis en œuvre dans ce but.

Des initiatives diplomatiques et clandestines sont entreprises. Elles n'aboutiront pas. « Capteurs » humains et matériels, intermédiaires, alliés… tous les moyens ont été déployés. « *En vain* », relate Jean Guisnel, journaliste au magazine *Le Point*. Une première vidéo de Denis Allex est diffusée sur des sites Internet liés aux Shebab, en juin 2010. Il faudra beaucoup de temps pour prendre contact avec les ravisseurs qui jouent avec les nerfs des autorités françaises, mettant des mois à donner des preuves de vie de l'otage, puis douchant tous les espoirs avec un interminable silence. « *Ils exigeaient la libération de certains Shebab emprisonnés en France après une attaque maritime menée en 2008, ainsi que le versement d'une rançon. Mais les pourparlers s'enlisent* », raconte le journaliste Vincent Nouzille (1).

Lorsque François Hollande arrive à l'Élysée, il se saisit immédiatement de l'affaire et renouvelle l'appui présidentiel aux efforts acharnés de la DGSE pour récupérer son agent. Cédric Lewandowski, le directeur de cabinet du ministre de la Défense, et Érard Corbin de Mangoux travailleront en boucle courte, appuyés par Jean-Yves Le Drian. Le chef d'état-major des armées, l'amiral Édouard Guillaud, leur apportera un soutien sans faille et fournira tous les moyens nécessaires.

La longue traque qui mènera à Denis Allex durera trois ans. « *La direction technique de la DGSE a accompli une véritable prouesse technique* », confie un proche du dossier. Un travail minutieux incluant des écoutes, des recoupements multiples et des missions de renseignement sur place. Un peu comme retrouver une aiguille dans une botte de foin. Même les Américains, qui ont prêté main-forte, n'y croyaient pas, tant l'entreprise ressemblait à une mission impossible. Et pourtant, comme le raconte Jean Guisnel, « *les cinquante agents qui ont travaillé à temps plein en France et en Afrique pour débusquer leur ami, avec tous les moyens concevables, ont fini par mettre la main dessus* ».

Les préparatifs se poursuivent à Djibouti dans le plus grand secret. Une cinquantaine de commandos sont à bord du « Mistral », tous volontaires pour libérer leur collègue.

Denis Allex a été changé d'endroit à plusieurs reprises. Mais, à l'été 2012, la DGSE a acquis la quasi-certitude qu'il se trouve dans une maison à Bulo Marer, à une centaine de kilomètres au sud-ouest de Mogadiscio, non loin du port de Merka. De l'extérieur pourtant, rien ne permet de soupçonner la présence de l'otage dans cette bâtisse de plain-pied comprenant une cour intérieure et entourée de murs aveugles. Des agents parviennent à se rendre clandestinement à proximité, dans une maison similaire dont ils relèvent les plans. La prison où Denis Allex vit entravé sera reconstituée en France pour permettre aux hommes du SA de s'entraîner à un assaut. Une opération « de vive force », comme disent les militaires, se prépare. Elle sera répétée inlassablement.

Durant l'automne en effet, François Hollande donne son accord de principe. Préalablement, le chef de l'État a souhaité avoir l'assentiment de l'épouse de l'otage. Il raconte aux journalistes Gérard Davet et Fabrice Lhomme : « *Lorsque j'avais rencontré la femme d'Allex, elle avait elle-même admis le principe : si une opportunité se présentait, elle comprendrait qu'une opération puisse être menée* ». (2) L'ancien chef de l'État relate aussi comment, peu avant les vacances de Noël, il avait validé le fait que, si le lieu de détention de l'otage était confirmé, l'opération puisse avoir lieu dans la nuit du 11 au 12 janvier. Les stratèges de la DGSE ont choisi la date en fonction de la nouvelle lune, qui devrait permettre de bénéficier d'une obscurité quasi complète. Cette nuit-là, on prévoit même de provoquer une panne de courant dans le secteur...

D'emblée, la DGSE a fait savoir que l'opération comporte des risques et ne peut réussir sans un effet de surprise total. Compte tenu de la localisation de l'otage, le raid aura lieu à partir de la mer. Le 5 décembre 2012, le porte-hélicoptère amphibie *Mistral* a quitté Toulon pour participer à l'opération « Corymbe » de lutte contre la piraterie dans le golfe de Guinée... loin de la mer Rouge. Son retour n'est prévu qu'en avril. Mais cinq jours plus tard, comme le raconte Jean Guisnel, un ordre inattendu tombe : retour à Toulon. Sans explication.

Officiellement, le *Mistral* doit participer à un exercice ultra confidentiel avec les Américains dans le golfe Persique et met le cap vers le canal de Suez. Mais, à bord personne ne sait rien. Certaines parties du bateau sont interdites à l'équipage. Les téléphones du bord et les liaisons Internet sont coupés. Pendant ce temps-là, à Toulon, à l'approche de Noël, les épouses n'ont pas de nouvelles et s'inquiètent. Six hélicoptères ont été embarqués, deux Caracal du Service action, deux autres du Commandement des opérations spéciales (COS) qui a requis également deux hélicoptères de combat Tigre. Les préparatifs se poursuivent à l'escale de Djibouti, dans le plus grand secret. Une cinquantaine de commandos du CPIS sont à bord du *Mistral*, tous volontaires pour libérer leur collègue.

AGIR, ET VITE. Dans les premiers jours de janvier 2013, l'opération n'attend plus qu'un feu vert de François Hollande. Pourtant, celui-ci demande encore des précisions et une évaluation des risques. Ses interlocuteurs lui assurent être certains « *à 90 %* » qu'Allex se trouve bien dans la maison repérée à Bulo Marer. L'effet de sidération sur les ravisseurs doit jouer un rôle capital, fait-on valoir au chef de l'État, d'où la nécessité de profiter de l'obscurité. Le créneau propice approche. Un argument de taille plaide aussi pour l'action : dans les dernières vidéos diffusées par les ravisseurs de Denis Allex, celui-ci, détenu dans des conditions abjectes, apparaît très mal en point. Il faut agir vite.

Le « *go* » présidentiel ne sera finalement donné que la veille du jour J, lors d'un conseil de défense à l'Élysée. Au même moment, une autre opération militaire d'envergure, au Sahel celle-là, est sur le point d'être lancée. « *Dans la nuit du 11 janvier, il se trouve qu'on avait également engagé l'opération "Serval" au Mali, mais c'était une coïncidence absolue*, dit François Hollande. *Lorsqu'il y a eu le conseil de défense afin que je donne l'ordre pour l'opération somalienne, cela a été l'occasion pour moi de décider aussi d'inter-* ››

LES SHEBAB, ISLAMISTES SOMALIENS QUI DÉTENAIENT DENIS ALLEX, LORS D'UNE PARADE EN 2014.

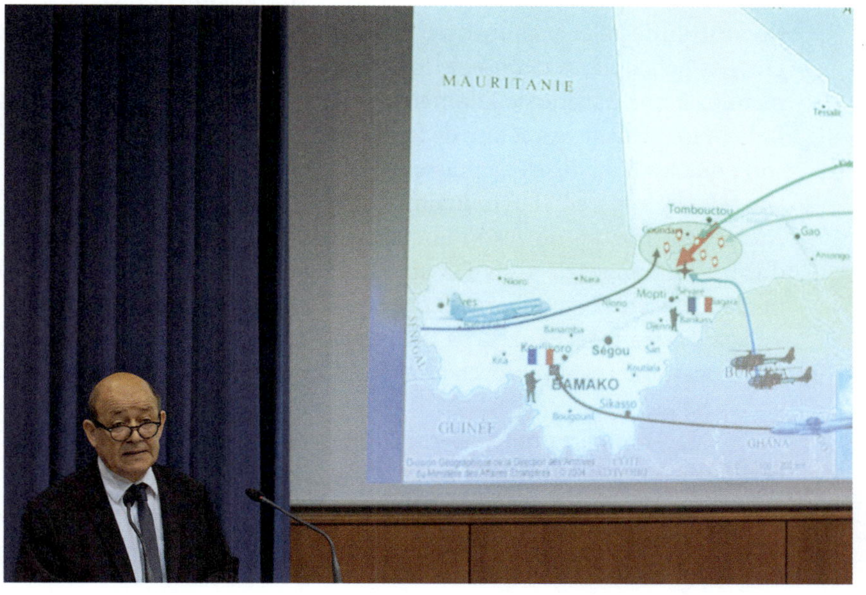

L'ÉCHEC DE L'OPÉRATION EST SURVENU ALORS QUE LA FRANCE SE LANÇAIT DANS LA GUERRE AU MALI. ICI, JEAN-YVES LE DRIAN, MINISTRE DE LA DÉFENSE, PRÉSENTE L'INTERVENTION À LA PRESSE.

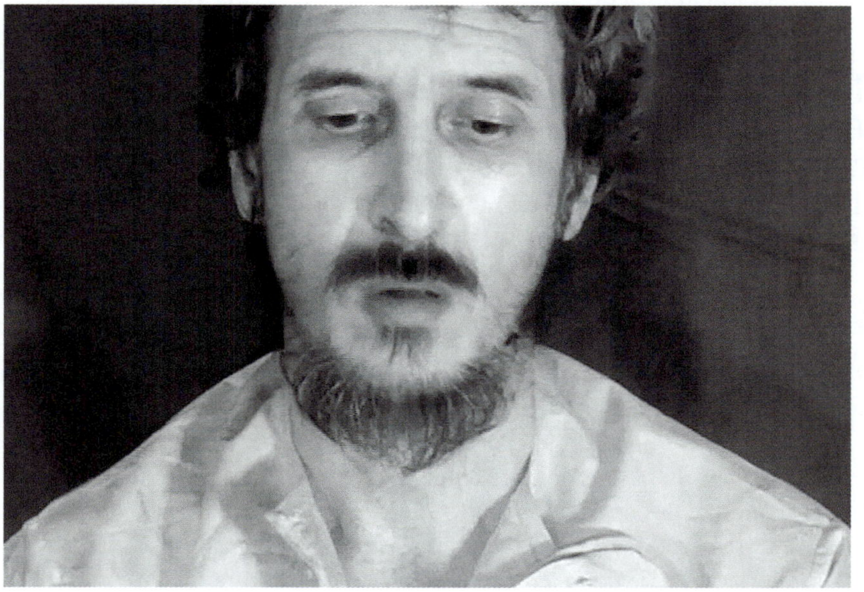

OTAGE DES SHEBAB, DENIS ALLEX A ÉTÉ FILMÉ EN VIDÉO PAR SES RAVISSEURS.

» *venir au Mali car les terroristes arrivaient sur Bamako* », poursuit l'ancien chef de l'État. (2). « *Maintenant, nous devons prendre le risque* », dira-t-il aussi. (3)

Vers minuit, ce 11 janvier 2013, la quarantaine d'hommes, tous volontaires, qui va mener le raid monte dans les Caracal qui décollent, appuyés par les Tigre. Les hélicoptères déposent les commandos à une dizaine de kilomètres de Bulo Marer. Il s'agit avant tout de faire en sorte que les djihadistes ne puissent pas entendre les appareils. Les militaires sont équipés de lunettes de vision nocturne, d'armes de poing et de fusils d'assaut munis de silencieux. Leur progression vers le village durera trois heures. La zone est marécageuse et traverser les champs irrigués n'est pas aisé.

Les militaires ont également dû faire face à une difficulté imprévue, sur laquelle insiste Vincent Nouzille. Ils auraient en effet croisé des villageois, certains portant des armes comme souvent en Somalie, debout à cette heure de la nuit, ou se rendant à la prière. Selon la version du journaliste, une dizaine de civils ont été « *éliminés* » afin d'éviter qu'ils ne préviennent les Shebab.

Il s'agit de faire en sorte que les djihadistes ne puissent pas entendre les appareils. Les militaires sont équipés de lunettes de vision nocturne, d'armes de poing et de fusils d'assaut munis de silencieux.

À l'Élysée, à la Défense, dans la « cuve » du Centre de planification et de conduite des opérations (CPCO) et à la « Piscine » (le surnom de la caserne Mortier), on suit le déroulement du raid avec fébrilité. Quelques heures plus tôt, « Serval » a été lancée au Mali et un militaire français, le lieutenant Damien Boiteux, a déjà trouvé la mort. Un haut responsable militaire français se souvient : « *Nous n'avions que des points qui se déplaçaient sur une carte, tandis qu'à l'ambassade des États-Unis à Paris, les Américains recevaient des images en direct grâce à leurs drones* ». Aux termes d'un accord avec Washington négocié au plus haut niveau, les Américains dépêcheront deux avions, dont un C-130 Hercules muni de canons pour appuyer le raid français.

3 heures du matin : l'opération se poursuit normalement, le groupe progresse vers sa cible. À l'Élysée, le président de la République se retire pour prendre un peu de repos. On le réveille vers 5 heures, avec une mauvaise nouvelle : « *On m'a dit : "L'opération n'a pas marché, le type est mort..."* », racontera-t-il plus tard. Que s'est-il donc passé ? À quel moment la machine bien huilée de cette audacieuse équipée s'est-elle enrayée ? Il n'aura fallu qu'un grain de sable dans le désert somalien...

Arrivés tout près de la maison, dans un silence de mort, les militaires français s'apprêtent à donner l'assaut contre la bâtisse en pisé qu'ils connaissent par cœur sans y être jamais entrés. Mais soudain, l'un des commandos trébuche sur ce qu'il croit être une couverture : c'est un garde qui dormait ! L'homme est neutralisé mais parvient auparavant à donner l'alerte en hurlant. L'indispensable surprise ne pourra plus jouer. En quelques secondes néanmoins, un sergent-chef parvient à plaquer une échelle télescopique contre le mur, et à sauter dans la cour intérieure de la maison. Mais il est tué sans avoir pu ouvrir le portail pour ses camarades, selon le récit livré par Jean Guisnel. Le sous-officier avait 40 ans. Son contrat s'achevait le mois suivant...

Denis Allex est bien là. Mais ses geôliers l'entraînent immédiatement à l'arrière du bâtiment où ils l'exécutent froidement de quatre balles. Des dizaines de rebelles, sortis de nulle part, affluent en renfort. Les djihadistes ont-ils été renseignés sur l'assaut français en préparation ? Les combats, très violents, se poursuivent pendant près d'une heure. Les hélicoptères français et le C-130 américain – qui effectue des tirs de diversion – interviennent pour permettre aux militaires français de se dégager du guêpier et de rejoindre le Mistral. Ils laissent deux morts sur le terrain, dont Denis Allex, sans avoir pu récupérer leurs cadavres. Quatre militaires grièvement blessés sont ramenés à bord. L'un d'eux, le capitaine Patrice Rebout, 37 ans, décédera peu après. Officiellement, dix-sept djihadistes ont été tués lors du raid, sans doute davantage.

Soudain, l'un des commandos trébuche sur ce qu'il croit être une couverture : c'est un garde qui dormait ! L'homme est neutralisé mais parvient auparavant à donner l'alerte en hurlant.

UN TERRIBLE BILAN. C'est la consternation. Le bilan français est terrible. On invoque la malchance dans un contexte de difficulté extrême. Devant les journalistes Davet et Lhomme, Hollande assumera : *« C'est un échec parce qu'on n'a pas ramené l'otage. (...) Maintenant, est-ce que cette opération devait être décidée ? Oui. J'en ai assumé la responsabilité. La famille d'Allex, celles des deux tués pour aller le chercher, le régiment, tous m'ont dit : "C'était notre devoir d'y aller" ».* (2) Fin janvier 2013, le chef de l'État se rendra, sans journaliste cette fois, au CPIS de Perpignan pour une émouvante cérémonie en hommage aux blessés et en mémoire des militaires tombés en Somalie.

En coulisses, certaines critiques se feront jour sur le déroulement du raid et la nature des moyens engagés. *« N'aurait-il pas fallu avoir recours aux forces spéciales plutôt qu'aux militaires du Service action qui ne sont pas entraînés pour ce type d'opération ? »*, souligne un haut gradé. Les agents du SA, qui agissent souvent individuellement dans la clandestinité, ne sont pas formés pour les manœuvres coordonnées visant à contrôler une zone, fait notamment valoir cette source. Un débat, qui n'est guère nouveau, sur le rapprochement, voire la fusion, des forces spéciales et du SA s'esquisse à cette occasion mais il restera sans suite. L'opération manquée pour récupérer Denis Allex hante toujours la mémoire des services de renseignement. *« La DGSE n'a toujours pas fait son coming out »*, constate une bonne source. Un chef militaire impliqué dans l'opération rappelle un point qui lui tient à cœur : *« Au moins Allex a-t-il pu savoir, avant de mourir, que ses camarades ne l'avaient pas laissé tomber ».*

Ce message d'ailleurs, François Hollande l'adressera, lors de ses vœux à la presse, quelques jours après le raid manqué, à tous les djihadistes retenant des otages, en guise d'avertissement : *« La France ne peut accepter que ses ressortissants soient détenus ».* Au cours des mois suivants, Paris et Washington continuent de traquer le chef des Shebab somaliens, Ahmed Godane. Celui-ci sera finalement abattu dans sa voiture par une frappe américaine, le 1er septembre 2014. Le responsable des trois morts de la DSGE à Bulo Marer aura été puni. ■

(1) Erreurs fatales, *par Vincent Nouzille (Fayard), 2016.*
(2) Un président ne devrait pas dire ça..., *par Fabrice Lhomme et Gérard Davet (Stock), 2016.*
(3) Les guerres du président, *par David Revault d'Allonnes (Seuil), 2015.*

IRAN, LE 24 AVRIL 1980

« EAGLE CLAW » LA CHUTE DE L'AIGLE AMÉRICAIN

Par Geoffroy Caillet

Lancée en avril 1980 pour libérer les cinquante-trois otages américains retenus à Téhéran depuis le 4 novembre 1979, l'audacieuse opération « Eagle Claw » fut un désastre retentissant. Trop complexe, plombée par des ennuis techniques et par une malchance inouïe, elle humilia les États-Unis et coûta sa réélection à Jimmy Carter.

Ce vendredi 11 avril 1980 à midi, Jimmy Carter et son conseiller Zbigniew Brzezinski ont réuni le Conseil de sécurité nationale à la Maison-Blanche. L'ambiance n'est pas à la fête. Le 4 novembre 1979, 400 étudiants islamistes, présentés comme des partisans de l'ayatollah Khomeyni, ont pris d'assaut l'ambassade américaine à Téhéran. Depuis cinq mois, ils y retiennent cinquante-trois otages pour protester contre la présence aux États-Unis de leur souverain déchu, Mohammad Reza Pahlavi. Ironie de l'histoire : déclaré *persona non grata* chez ses anciens alliés occidentaux – États-Unis en tête – après son départ d'Iran en janvier 1979, le shah avait entamé une longue errance entre Égypte, Maroc, Bahamas et Mexique. Seule l'aggravation de son état de santé avait décidé Jimmy Carter à accepter, du bout des lèvres, son hospitalisation sur le sol américain le 23 octobre.

À Téhéran, qui exige l'extradition du shah en échange des otages, Carter a d'abord répondu par le gel des avoirs officiels iraniens. Puis en expulsant des États-Unis une partie du personnel diplomatique de la toute nouvelle République islamique. Peu importe que le shah se soit envolé pour le Panama dès le 15 décembre : l'Iran réclame désormais le retour de sa fortune et la mise en place d'une commission d'enquête de l'ONU sur ses « *crimes* ». D'abord loué pour sa gestion prudente de la crise, Carter est désormais critiqué pour sa faiblesse. Les élections présidentielles qui se profilent rendent la pression intenable. Alors que les négociations en coulisses patinent, il a rompu, le 7 avril, les relations diplomatiques et décrété de nouvelles sanctions économiques. Tous les membres du Conseil de sécurité nationale ont désormais en tête la dernière cartouche à la disposition du président. Aussi, lorsque quatre jours plus tard, Carter leur annonce sa détermina- ▸▸

DOUBLE PAGE PRÉCÉDENTE : LES CARCASSES CALCINÉES DE L'AVION ET DE L'HÉLICOPTÈRE QUI SE SONT TÉLESCOPÉS PENDANT L'OPÉRATION.

L'opération tourne au fiasco

Conçue pour libérer cinquante-trois otages détenus dans l'ambassade américaine de Téhéran, l'opération *Eagle Claw* vire à l'échec.

1 **24 avril 1980**
Décollage de **6 avions C-130 Hercules** de l'île de Mazirah avec du carburant et une centaine de soldats vers Desert One, une base temporaire située en plein désert.

2 Du porte-avion *Nimitz*, décollage de **8 hélicoptères** lourds Sea Stallion. Ils doivent se ravitailler auprès des C-130, puis redécoller vers Desert Two à 80 km de Téhéran pour déposer les soldats qui iront libérer les otages.

3 **Atterrissage forcé** dans le désert d'un hélicoptère victime d'ennuis mécaniques. Son équipage est récupéré par un autre Sea Stallion.

4 Le Sea Stallion n°5 fait **demi-tour** à cause d'une panne d'instruments.

5 Après son ravitaillement, le Sea Stallion n° 3, pris dans un nuage de poussière, **percute l'un des avions. Le choc provoque un incendie.** Huit soldats sont tués. L'opération est avortée.

53 *otages dans l'ambassade*

93 *hommes de la Delta Force*

8 *soldats américains tués*

444 *jours de détention*

» tion à régler la crise, ils savent de quoi il va être question : une opération militaire clandestine.

Sur un signe du président, le général David Jones, chef d'état-major des armées, déploie alors une grande carte sur la table et se met à détailler le plan sur lequel ses services travaillent depuis cinq mois dans le secret absolu. La position de Téhéran, à des milliers de kilomètres de tout pays ami, empêche l'utilisation exclusive d'hélicoptères. La situation des otages, retenus au cœur de la capitale iranienne et non dans un aéroport comme à Entebbe en 1976 *(voir page 110)*, interdit de s'appuyer seulement sur des avions. Reste une solution mixte, liée à un système de bases intermédiaires en Iran. L'opération sera commandée depuis celle de Wadi Kena, en Égypte, et organisée sur deux nuits par la Delta Force, une unité antiterroriste des forces spéciales créée trois ans plus tôt par le colonel Charles Beckwith.

UN PLAN COMPLEXE. La première nuit, six avions C-130 décolleront de l'île de Mazirah, en Oman, pour se poser dans le désert iranien sur une piste baptisée Desert One, à 475 km au sud-est de Téhéran. Dans trois avions, du kérosène. Dans les trois autres, 132 hommes, dont 93 appartenant à la Delta Force. Partis simultanément du porte-avion *USS Nimitz*, dans le golfe Persique, huit hélicoptères de marine RH-53D les rejoindront à Desert One. Une fois ravitaillés en carburant, ils embarqueront la Delta Force vers un autre site, Desert Two, à 84 km de la capitale, où les hommes se cacheront pendant la journée. La seconde nuit, la Delta Force passera à l'attaque : amenés en camion dans Téhéran par des agents de la CIA, ses hommes prendront d'assaut l'ambassade et délivreront les otages prisonniers. Les hélicoptères reviendront alors se poser sur un stade voisin pour acheminer otages et forces spéciales vers l'aérodrome de Manzariyeh, préalablement neutralisé par des Rangers – les forces spéciales de l'armée de terre –, d'où un avion de transport les acheminera vers l'Égypte et la liberté.

La complexité du plan sautait aux yeux. Certes, une équipe de militaires américains s'était infiltrée en Iran le 31 mars pour baliser la piste d'atterrissage de Desert One. Sur place, des agents de la CIA se chargeaient de l'achat des camions. Des otages libérés dans les premiers mois de la crise avaient même pu fournir des renseignements sur la topographie de l'ambassade, complétés par des images satellitaires. Mais la coordination interarmées était balbutiante, la dimension technique écrasante, la marge d'erreur très élevée : à moins de six hélicoptères, l'opération devenait impossible. Sans compter l'arrivée du printemps, qui raccourcissait dangereusement l'obscurité indispensable au programme de la première nuit. Soldat dans l'âme, le colonel Beckwith n'en avait pas moins vendu à Carter l'opération de son nouveau-né Delta Force avec un enthousiasme contagieux. Surtout, le président n'avait plus le choix. Il donna donc son feu vert à l'opération, baptisée « *Eagle Claw* » : la « Serre de l'aigle » américain, qui devait desserrer l'étau iranien.

À la tombée du jour, ce 24 avril, le premier des six avions C-130 de l'US Air Force décolla de la piste de Masirah. Camouflé en vert et noir, tous feux éteints, il vola presque invisible au-dessus du golfe d'Oman, avant d'atteindre la côte iranienne à très basse altitude pour échapper aux radars, puis de reprendre son ascension. Quatre heures après son départ, les feux infrarouges dissimulés sous le sable scintillèrent au point indiqué, en plein désert de la province du Khorasan. La piste d'atterrissage de Desert One était en vue.

Le C-130 était sur le point de se poser lorsqu'il détecta un camion qui roulait sur le chemin de terre traversant la piste. Impossible de prendre le risque d'ébruiter la présence d'un avion américain dans le désert iranien. Aussi, à peine débarqués, vers 22 h 45, les Rangers se lancèrent à sa poursuite sur une jeep et une moto, équipés d'un lance-roquette antichar. Au même moment, les hommes de la Delta Force restés sur la piste aperçurent, roulant vers eux, un car Mercedes rempli de passagers iraniens éberlués... La probabilité d'une telle rencontre en pleine nuit et au milieu du désert défiait toutes les hypothèses.

CONTRETEMPS EN SÉRIE. Ils n'eurent pas le loisir de méditer davantage. Dans un fracas assourdissant, une boule de feu illumina soudain la nuit. Touché par le lance-roquette antichar, le fuyard pris en chasse par les Rangers était en réalité un camion-citerne transportant du pétrole de contrebande... Dans la foulée, les hommes fouillèrent et firent sortir du car les quarante-trois passagers, de simples voyageurs qui se rendaient de nuit de Yazd à Tabas, les deux villes les plus proches. Consulté grâce au système de radio et de relais par satellite de la base égyptienne de Wadi Kena, Carter approuva la seule solution envisageable : les faire monter dans l'un des C-130, qui avaient désormais tous rejoint Desert One, et les expédier en Égypte jusqu'à la fin de l'opération. En une heure et demie, la piste d'atterrissage clandestine était devenue un véritable aéroport.

Restaient les huit hélicoptères. Peu après le décollage du premier C-130, ils s'étaient comme prévu élancés du porte-avion *Nimitz*, stationné dans le golfe Persique, et avaient atteint l'Iran en volant encore plus bas que les avions. Mais bientôt, l'un des appareils donna des signes de faiblesse. Le pilote atterrit et constata l'avarie : une pale du rotor était fissurée. Il fallait abandonner l'hélicoptère sur place. Avec sept appareils sur les six jugés nécessaires par Beckwith, la marge d'erreur augmentait.

Le C-130 détecta un camion qui traversait la piste. Impossible de prendre le risque d'ébruiter la présence d'un avion américain dans le désert iranien.

La flotte reprit sa route quand un nuage opaque emplit brusquement le ciel. Connue sous le nom de haboob, cette formation de sable très fin, retenu en l'air par la pression atmosphérique, n'avait pas inquiété les C-130. Pour les hélicoptères en revanche, le danger était grand, d'autant qu'ils avaient été imprudemment délestés de leurs filtres à poussière sur le Nimitz afin de réduire leur consommation de carburant. Après avoir traversé un premier nuage, les sept appareils en affrontèrent un second, bien plus terrible. Pendant trois heures, les pilotes se débattirent dans une soupe infâme, » complètement aveugles et isolés les uns des autres. La chaleur suffocante qui se dégageait du haboob avait envahi les cockpits et déréglé les instruments de navigation. Réalisant qu'il courait le risque de ne jamais parvenir à Desert One, l'un d'eux prit le parti de faire demi-tour pour regagner le Nimitz. L'opération ne comptait plus désormais que six hélicoptères : le minimum vital pour l'opération.

Dans la nuit de Desert One, les hommes rongeaient leur frein. Chaque minute de retard des hélicoptères était une minute d'obscurité en moins pour rejoindre Desert Two, à 420 km de là. Enfin, vers 1 heure du matin, le bourdonnement des deux premiers appareils retentit au-dessus de la piste. Les quatre autres ne tardèrent pas à les rejoindre. Il n'y avait plus qu'à procéder au ravitaillement et à filer fissa vers Desert Two. Mais la malchance s'acharnait : l'un des pilotes vint annoncer qu'une pompe hydraulique de son appareil avait rendu l'âme. À cinq hélicoptères, c'en était définitivement fini de l'opération, à moins de se passer d'une vingtaine d'hommes. Contacté par radio, Brzezinski proposa de considérer cette possibilité. Mais le colonel Beckwith n'y croyait pas. Si un nouvel hélicoptère venait à défaillir, comment embarqueraient-ils les otages et les hommes ? Le risque était trop grand. Après seulement deux heures et demie sur le sol ennemi, Beckwith, la mort dans l'âme, ordonna l'annulation de l'opération. À Washington, Carter, atterré, transmit la nouvelle à ses conseillers.

La malchance s'acharnait : l'un des pilotes vint annoncer qu'une pompe hydraulique de son appareil avait rendu l'âme. À cinq hélicoptères, c'en était définitivement fini de l'opération.

Dans le désert iranien, la fatigue et la déception passaient au second plan. Hommes et appareils devaient maintenant rejoindre leurs bases respectives. L'un des C-130 tankers, dont le réservoir était encore à moitié plein, se mit à rembarquer une partie des hommes. Quand il fut prêt à décoller, l'hélicoptère qui venait de s'y ravitailler se mit en vol stationnaire à près de cinq mètres au-dessus de l'avion pour lui libérer la voie. C'est alors que survint la catastrophe finale.

Aveuglé par la poussière soulevée par son appareil, le pilote heurta violemment avec son rotor principal la dérive de l'avion. Brusquement déséquilibré, l'hélicoptère se renversa et s'abattit de tout son poids sur le cockpit du C-130. Pour la seconde fois en moins de trois heures, une gigantesque explosion embrasa le désert. Dans une panique indescriptible, les hommes tentaient de s'échapper de l'avion en flammes et de l'hélicoptère posé dessus, telle une gigantesque libellule en train de rôtir. Bientôt, les munitions – grenades, missiles, explosifs et cartouches – entreposées dans les deux appareils se mirent à exploser. Lorsque l'incendie gagna les réservoirs, une tour de flammes s'éleva dans le ciel, repliant sur lui-même le fuselage de l'avion.

Les C-130 s'éloignèrent rapidement de ce paysage de cauchemar pour éviter d'être touchés. Les hommes de la Delta Force libérèrent les quarante-trois voyageurs iraniens, après avoir saboté le moteur de leur car pour les empêcher de donner l'alerte. Impossible en revanche d'explorer les deux épaves en flammes pour emporter les corps des victimes. Il y en eut huit, plus quatre blessés graves. On laissa aussi sur place les cinq hélicoptères restants au lieu de les détruire comme prévu - deux d'entre eux sont encore en service dans la Marine iranienne. Au moment où les C-130 s'envolaient vers Masirah, Carter, à Washington, venait de prendre acte de la catastrophe dans laquelle s'était abîmée « *Eagle Claw* ». Effondré, il se mit à préparer l'annonce laconique qu'il ferait à la radio et à la télévision à 7 heures du matin, où il reconnaîtrait sa responsabilité.

UNE LONGUE LISTE D'ERREURS. Le 25 avril à l'aube, le monde se réveilla en apprenant le fiasco. L'Iran avait mis à terre le géant américain sans coup férir. Des journalistes comparèrent l'échec d'« *Eagle Claw* » à celui de la baie des Cochons, qui avait vu Kennedy plier devant Castro en 1961. De son côté, Khomeyni décora du nom d'« *agents de Dieu* » les haboobs qui avaient contribué à mettre l'ennemi en déroute. Sur le lieu même du crash, il fit construire plus tard une « mosquée d'action de grâce ». Quant au président iranien Bani Sadr, il s'engagea à rendre sans condition les corps des soldats aux États-Unis : un camouflet de plus pour Jimmy Carter, qui venait de déclarer qu'ils avaient été rapatriés... Son chemin de croix ne prit fin qu'avec son échec à la présidentielle le 4 novembre suivant, soit un an jour pour jour après le début de la crise iranienne. À cette date, le shah était mort et les négociations, qui avaient repris avec l'équipe du candidat Reagan, étaient sur le point d'aboutir. Pour que l'humiliation soit complète, l'Iran différa néanmoins le retour des otages au jour de l'investiture de Reagan, le 20 janvier 1981. Il eut lieu quelques minutes à peine après le départ de Carter de la Maison-Blanche. La crise avait duré 444 jours et Carter avait bu le calice jusqu'à la lie.

Des journalistes comparèrent l'échec d'« Eagle Claw » à celui de la baie des Cochons, qui avait vu Kennedy plier devant Castro en 1961.

Du côté de l'armée, on tira rapidement les leçons du désastre. La commission nommée à cet effet conclut que dix à douze hélicoptères auraient été nécessaires pour mener à bien « *Eagle Claw* ». Elle souligna aussi l'avantage qu'aurait représenté un ravitaillement aérien et non terrestre, ce qui invalidait le scénario même de Desert One. Elle pointa enfin des déficiences dans la planification, le commandement et le contrôle de l'opération, ainsi qu'un manque de coordination dicté par une obsession du secret (justifié en partie par la crainte que les opposants à une intervention militaire contre l'Iran ne sabotent « *Eagle Claw* ») et par la rivalité entre armées. Même en invoquant le haboob, la liste des erreurs était longue. La réflexion menée n'en fut que plus fructueuse puisqu'elle aboutit, en 1986, à la création de l'USSOCOM (US Special Operations Command) par les lois Goldwater-Nichols et Cohen-Nunn. En consacrant le principe des opérations conjointes et de l'interopérabilité, elle révolutionnait la doctrine militaire américaine. ■

AFP 3K46

PAR0101 2
T/
URGENT****
OCCUPATION DE L'AMBASSADE AMERICAINE A TEHERAN

TEHERAN 4 NOV (AFP) - PLUSIEURS DIZAINES D'ETUDIANTS SE DECLARANT
PARTISANS DE L'AYATOLLAH KHOMEINY ONT OCCUPE DIMANCHE MATIN A 10H15
(HEURE LOCALE) L'AMBASSADE DES ETATS UNIS A TEHERAN .
ILS ONT PRIS DES OTAGES PARMI LE PERSONNEL AMERICAIN ET
DEMANDENT AUX AUTORITES AMERICAINES L'EXTRADITION DU CHAH CONTRE LA
LIBERATION DE CES OTAGES
PP
AFP 041229

LA DÉPÊCHE URGENTE DE L'AGENCE FRANCE-PRESSE ANNONÇANT LA PRISE DE L'AMBASSADE AMÉRICAINE.

LE SITE DE LA REPRÉSENTATION AMÉRICAINE LE LENDEMAIN DE L'ATTAQUE.

TROIS OTAGES AMÉRICAINS PRÉSENTÉS À LA PRESSE IRANIENNE.

LES GRILLES DE L'AMBASSADE DES ÉTATS-UNIS À TÉHÉRAN DEUX SEMAINES APRÈS QUE CELLE-CI EUT ÉTÉ INVESTIE.

LES RESTES DU ROTOR
D'UN APPAREIL AMÉRICAIN BRÛLÉ.

À WASHINGTON, JIMMY CARTER EXPOSE
AUX DÉPUTÉS L'ÉCHEC D'« EAGLE CLAW ».

Éditorial paru dans « Le Figaro » du 26 avril 1980

Le risque

Par Max Clos

On peut ricaner. On peut exulter. On peut aussi considérer l'échec de l'opération américaine en Iran comme un revers grave, non seulement pour les États-Unis, mais aussi pour l'Europe et pour la France. Parce que nous sommes dans le même camp.
Le bilan négatif est évident.
La carrière politique de M. Carter risque fort d'être compromise, ce qui, après tout, n'est pas notre affaire.
Le sort des otages est plus incertain que jamais.
Au mieux, on doit craindre une surveillance accrue et un traitement encore plus pénible.
Au pire, des représailles.
En Iran, les « faucons » sont renforcés, et la position, déjà bien difficile, des partisans d'une solution négociée est considérablement affaiblie.
Les Soviétiques ont beau jeu de dénoncer un *« acte de piraterie inqualifiable »*.

LE FIGARO MAGAZINE + MADAME FIGARO
LE FIGARO
Moscou et Téhéran exploitent à fond l'échec de l'opération Carter pour libérer les otages
Le prix amer d'un raid manqué
Le risque
Pour la première fois, « Madame Figaro », supplément mensuel du « Figaro », quotidien vous a été remis par votre marchand de journaux, avec votre « Figaro Magazine ».
C'est le plus grand supplément jamais réalisé dans la presse et qui est destiné à nos lectrices et à leur famille.
Lumineux

L'Europe va se trouver des raisons supplémentaires de mesurer, sinon de refuser, sa solidarité aux États-Unis.
On connaît les arguments : M. Carter n'est pas fiable, sa politique est erratique, sans consulter ses alliés il leur demande de soutenir un jeu aventureux voué à l'échec.
La preuve !
Le tableau n'est, hélas, que trop vrai. Outre ses faiblesses personnelles, M. Carter semble aussi manquer d'une vertu essentielle : la chance.
C'est un défaut rédhibitoire chez un homme d'État.
Hé bien ! après ce réquisitoire nous avons deux choses à dire.
La première est que, si M. Carter a déclenché trop tard et bien mal cette opération militaire, il a eu raison de le faire et, ce faisant, il a agi en homme d'honneur.
Sur le plan moral il n'a rien à justifier. Aucun chef d'État ne peut tolérer que cinquante de ses compatriotes soient retenus en otages par une puissance étrangère.
Il a été jusqu'au bout – et sans doute au-delà – des concessions et de la patience acceptables.
Entendre parler à ce propos d'*« aventure rocambolesque »* est scandaleux.
Entendre les Soviétiques, après l'Afghanistan, dénoncer l'*« agression contre l'Iran »* provoquerait l'hilarité si un tel cynisme ne donnait froid dans le dos. ■

ENTEBBE

ENTEBBE, LE 4 JUILLET 1976

ISRAËL LIBÈRE DES OTAGES EN OUGANDA

Par Cyrille Louis

En 1976, des terroristes palestiniens détournent vers Entebbe un Airbus d'Air France parti de Tel-Aviv. Au bout d'une action audacieuse menée à 3 000 km de leurs bases, les commandos de Tsahal récupéreront 104 captifs.

L'heure de vérité approche enfin, au terme d'un vol entamé il y a plus de sept heures. Dans la carlingue chahutée par les turbulences orageuses, les soldats étirent leurs membres engourdis et vérifient leur matériel. Certains ont réussi à dormir quelques heures. D'autres, incommodés par les secousses ininterrompues ou raidis par la tension, n'ont pas fermé l'œil. Aux commandes de l'avion C-130 Hercules qui survole la trame sombre du lac Victoria, le commandant Joshua Shani et son copilote découvrent deux sillons lumineux à travers les ténèbres. L'équipage, qui s'est entraîné la veille à atterrir dans une obscurité totale au cas où les contrôleurs aériens de l'aéroport d'Entebbe songeraient à couper l'éclairage de la piste, laisse échapper un soupir de soulagement. L'effet de surprise, leur a-t-on répété avant le déclenchement de cette opération si loin de leurs bases, est la clé de son succès.

À l'arrière, les hommes du lieutenant-colonel Yonatan Nétanyahou se sont tassés dans une Mercedes noire munie de fausses plaques et ornée d'un petit drapeau jaune-rouge-noir, ainsi que dans deux jeeps Land Rover armée chacune d'une mitrailleuse de calibre 7,62. Les trente-six soldats, tous membres de l'unité d'élite Sayeret Matkal, ont revêtu des uniformes aux motifs léopard semblables à ceux de l'armée ougandaise. Leur plan un peu fou consiste à tromper la vigilance des soldats déployés sur l'aéroport en faisant passer leur petit commando pour un cortège officiel transportant le président Idi Amin Dada. Une fois les véhicules déchargés sur le tarmac, ils disposeront de sept minutes pour gagner le terminal désaffecté où sont parqués 104 otages, neutraliser les terroristes qui les retiennent mais aussi parer à une possible riposte ougandaise. « *Si chacun fait son travail*, a annoncé la veille ››

DOUBLE PAGE PRÉCÉDENTE : LE TERMINAL DE L'AÉROPORT D'ENTEBBE OÙ S'EST DÉROULÉ LE DRAME.

OUGANDA

« Opération Tonnerre » à Entebbe

Un groupe terroriste propalestinien retient 246 personnes, dont 80 Israéliens en otages sur l'aéroport d'Entebbe. L'État hébreu intervient.

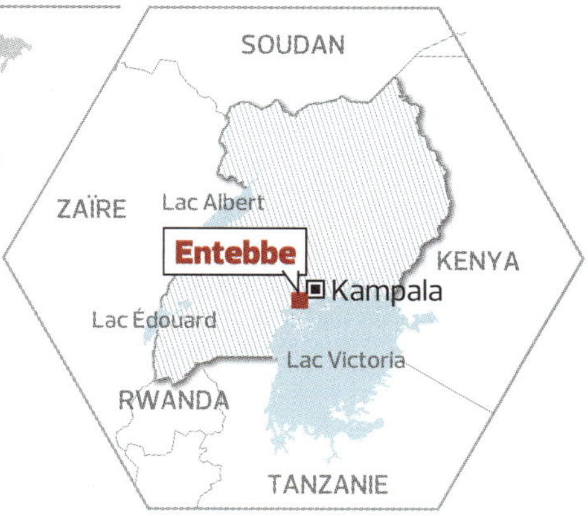

3 otages tués pendant le raid | **7** terroristes tués | **20** soldats ougandais tués (au moins) | **1** officier israélien tué

» Yoni Nétanyahou devant ses supérieurs (1), *nous ne devrions pas avoir de problème.* »

La confiance affichée par le jeune et ombrageux officier, qui a écourté une mission dans la péninsule du Sinaï pour diriger cette opération hors norme, a sans doute contribué à forger la décision des dirigeants israéliens. Mais elle ne peut rien contre les craintes qui les assaillent à l'approche du dénouement. À Tel-Aviv, dans les locaux du ministère de la Défense, le premier ministre Yitzhak Rabin, le ministre de la Défense Shimon Peres et le chef d'état-major Motta Gur sont réunis. Le premier, craignant qu'une intervention militaire ne se solde par un bain de sang, s'est fait tordre le bras pour l'autoriser. Malgré la créativité des stratèges de Tsahal et la moisson de renseignements collectés ces dernières heures par le Mossad, trop d'incertitudes entourent à son goût l'issue du raid.

En survolant la mer Rouge à une trentaine de mètres d'altitude, les quatre C-130 Hercules qui transportent les forces spéciales ont déjoué les radars égyptiens, saoudiens et soudanais. Mais après ? Comment être certain que les précieuses informations livrées par les captifs relâchés, 48 heures plus tôt, sur la localisation de leurs compagnons d'infortune ne sont pas devenues caduques ? Et surtout : quelle sera la réaction des forces ougandaises, dont l'attitude depuis le début de la prise d'otages témoigne au minimum d'une certaine bienveillance envers les terroristes ? « *Jusqu'au dernier moment*, expliquera des années plus tard Giora Zussman (2), *l'un des officiers qui a dirigé l'assaut, j'ai pensé que le premier ministre devait être devenu fou pour autoriser une telle opération.* »

Les dirigeants israéliens, en ce début d'été 1976, n'en sont pourtant pas à leur première prise d'otages. Depuis la guerre de juin 1967, le Front populaire de libération de la Palestine-Opérations extérieures (FPLP-OE) s'est spécialisé dans le détournement d'avions civils en provenance ou à destination de Tel-Aviv. Il prétend ainsi compenser la supériorité militaire de l'État hébreu. En 1968, le piratage vers Alger d'un vol en provenance de Paris a pour la première fois contraint le gouvernement israélien à libérer seize condamnés arabes. Le 30 mai 1972, une attaque menée sur l'aéroport de Lod par trois membres de l'Armée rouge japonaise prétendant agir pour le compte du FPLP-OE a fait 26 morts. Les mesures de sécurité ont aussitôt été renforcées et, la même année, l'unité Sayeret Matkal y a mené un assaut victorieux contre des terroristes palestiniens retranchés dans un Boeing 707 de la Sabena.

LE PIRE DES SCÉNARIOS. Ce 27 juin, lorsqu'ils apprennent que des pirates de l'air ont profité d'une escale à Athènes pour prendre le contrôle d'un Airbus 300 d'Air France en provenance de Tel-Aviv, les généraux israéliens ne tombent donc pas totalement des nues. Convaincus que l'appareil et ses 246 passagers vont bientôt se poser à Lod, ils dépêchent une équipe d'intervention et se préparent à y rejouer un scénario connu. Mais les événements ne tardent pas à leur donner tort. L'avion, au lieu de virer vers Israël, met le cap sur la Libye. Trois hommes et une femme armés de revolvers et de grenades en ont pris le contrôle peu après le décollage. Deux d'entre eux, Wilfried Böse et Brigitte Kuhlmann, sont allemands et se réclament de la Fraction Armée rouge. Les deux autres sont des militants palestiniens du FPLP-OE.

Sur leurs ordres, l'avion se pose d'abord à l'aéroport de Benghazi, où le gouvernement de Mouammar Kadhafi autorise son ravitaillement en carburant. Puis l'appareil redécolle et fait route vers la région des Grands Lacs pour atterrir, au beau milieu de la nuit, sur l'aéroport d'Entebbe. Presque aussitôt, des militaires ougandais se déploient sur le tarmac tandis que la France, légalement responsable de la sécurité de ses passagers, dépêche son ambassadeur. Pour l'État hébreu, qui dénombre 76 ressortissants à bord, c'est le pire des scénarios. D'abord parce que jamais, jusqu'à ce jour, des preneurs d'otages palestiniens ne s'étaient aventurés aussi loin d'Israël. Mais surtout parce qu'ils ignorent tout du rôle et des intentions du président ougandais.

Idi Amin Dada, qui a pris le pouvoir cinq ans plus tôt lors d'un coup d'État, s'est un temps comporté en ami de l'État hébreu. Mais les deux pays sont brouillés depuis que ce tyran paranoïaque, dont le règne se solda par la disparition de dizaines de milliers d'Ougandais, a brusquement expulsé en 1972 les officiers israéliens venus former son armée de l'air. Est-il, pour autant, de mèche avec les preneurs d'otages du vol AF139 ? Et protégera-t-il les terroristes en cas d'opération pour libérer les otages ? Quelques heures après l'atterrissage, ceux-ci ont été transférés dans le vieux terminal désaffecté. Les Israéliens ont été rassemblés dans une pièce à part. Trois dirigeants du FPLP-OE, arrivés à Entebbe par leurs propres moyens, sont venus prêter main-forte aux preneurs d'otages. Lors de sa première visite aux captifs, le 28 dans l'après-midi, Amin se présente comme un simple médiateur. Soucieux, dit-il, de veiller à ce que leur mésaventure se termine au mieux.

À Jérusalem, cependant, où les familles des otages le supplient d'engager des négociations, le gouvernement se divise. Les ravisseurs réclament la libération de 53 prisonniers propalestiniens d'ici 48 heures sous peine de les liquider. Shimon Peres, convaincu qu'Israël s'expose à devenir la cible d'un chantage permanent s'il cède aux terroristes, presse l'armée d'imaginer un plan d'action. L'état-major hésite. Plusieurs scénarios sont envisagés, puis aussitôt repoussés. Un assaut naval mené depuis la rive kenyane du lac Victoria ? Un raid conduit par plusieurs centaines de parachutistes ? Mais comment, alors, évacuer les otages ? Quant à envoyer des avions les récupérer en territoire hostile, à plus de 3 000 km d'Israël…

Shimon Peres, convaincu qu'Israël s'expose à devenir la cible d'un chantage permanent s'il cède, presse l'armée d'imaginer un plan d'action.

Yitzhak Rabin répugne à prendre un tel risque et annonce, le 1er juillet, qu'il est prêt à négocier par l'intermédiaire de la France. Les ravisseurs, soucieux de montrer leur « bonne volonté », repoussent alors l'ultimatum au 4 juillet et libèrent en deux fois 147 otages aussitôt transférés à Paris. À leur descente d'avion, plusieurs d'entre eux sont approchés par des agents du Mossad qui cherchent à glaner un maximum de renseignements sur l'état d'esprit des terroristes, l'agencement des lieux et l'attitude des autorités ougandaises.

Malgré les réticences du premier ministre, les forces spéciales ont intensifié leurs préparatifs. Le hasard voulant que le bâtiment où sont retenus les otages ait été construit par une entreprise ▸▸

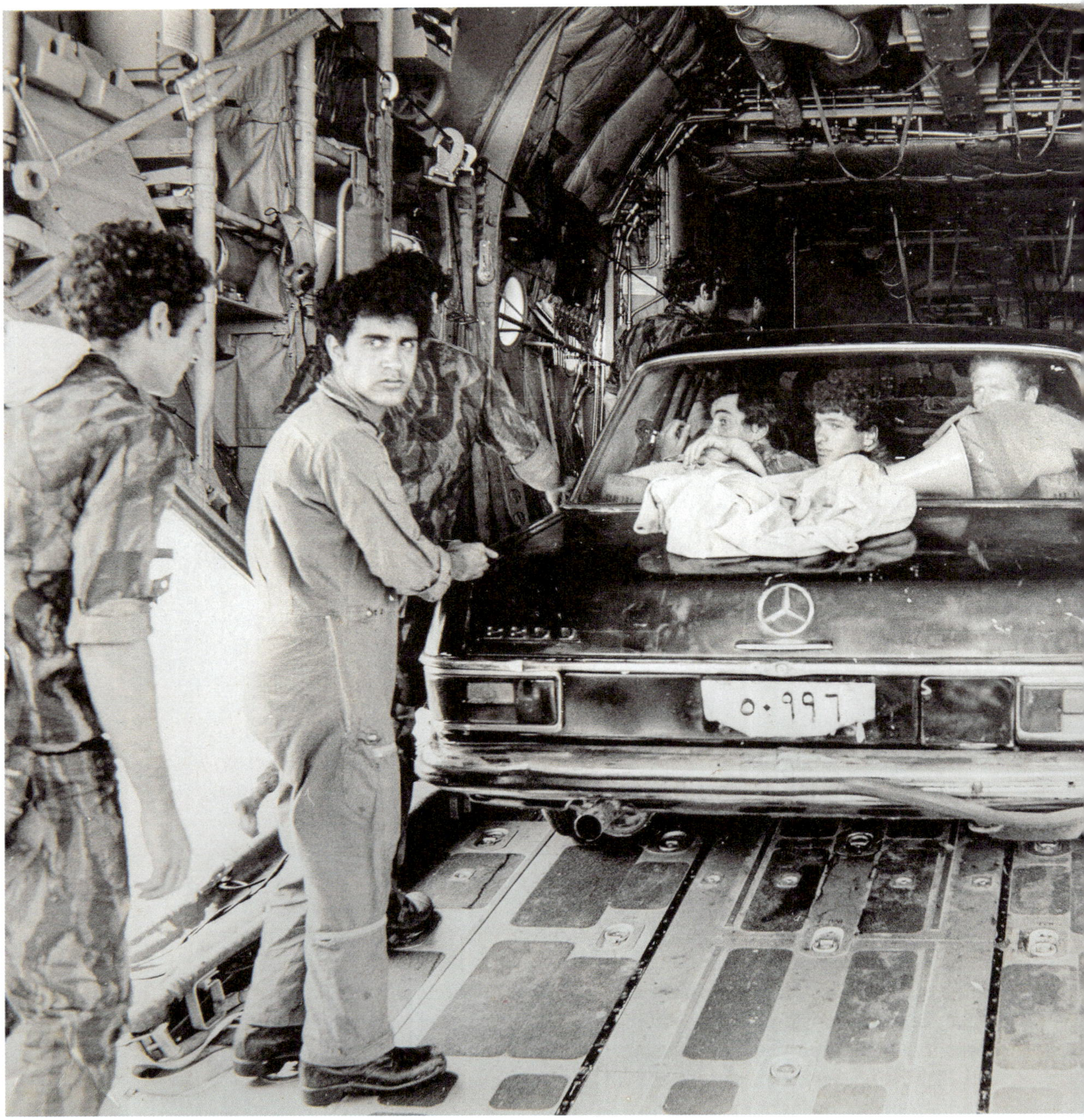

LA MERCEDES NOIRE
EST DÉCHARGÉE
SUR L'AÉROPORT
BEN-GOURION.

MAQUETTE DE L'AÉROPORT D'ENTEBBE CONSERVÉE PAR L'ARMÉE À RAMAT GAN.

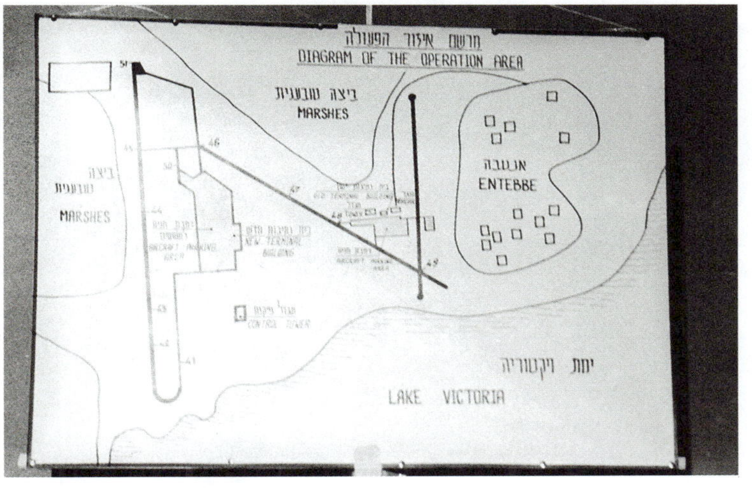

PLAN DE L'AÉRODROME PRÉSENTÉ PAR TSAHAL APRÈS L'OPÉRATION.

YITZHAK RABIN S'ADRESSE AUX SOLDATS ENGAGÉS DANS LE RAID.

L'UN DES QUATRE C-130 QUI ONT PARTICIPÉ AU RAID ATTERRIT À L'AÉROPORT BEN-GOURION.

À LEUR DESCENTE D'AVION, LES SOLDATS REÇOIVENT UN ACCUEIL TRIOMPHAL.

LES OTAGES
SALUENT LA FOULE
VENUE LES ATTENDRE
À L'AÉROPORT
BEN-GOURION.

israélienne, leur commandement n'a pas eu de mal à s'en procurer les plans détaillés. Une réplique grandeur nature est fabriquée dans l'urgence sur une base proche de Tel-Aviv, où les commandos de Sayeret Matkal commencent à répéter leur manœuvre. Des repérages effectués au-dessus de l'aéroport d'Entebbe par un avion de tourisme loué par le Mossad leur fournissent des renseignements sur l'état des forces ougandaises. Entre soixante et cent hommes, discerne-t-on sur les clichés un peu flous, déployés tout autour et sur le toit du terminal.

Le témoignage des otages libérés complète le tableau. Depuis que Dora Bloch, une septuagénaire anglo-israélienne, a été transférée à l'hôpital de Kampala suite à un malaise, ils ne sont plus que 104 dont une majorité d'Israéliens et une dizaine d'enfants. Tous sont désormais réunis dans la même pièce sous la garde tournante de quatre geôliers – tandis que les trois autres se reposent à tour de rôle dans le salon VIP. Détail crucial : les otages ont ordre de rester allongés chaque soir à partir de minuit. L'armée israélienne opte pour un assaut à ce moment précis, espérant qu'il sera alors plus facile d'identifier immédiatement les preneurs d'otages.

Yitzhak Rabin comprend que les négociations s'enlisent dangereusement. Il ne reste plus que 24 heures avant l'expiration de l'ultimatum.

Tout bascule le 3 juillet au matin, lorsque Yitzhak Rabin constate que les négociations avec les preneurs d'otages s'enlisent dangereusement. Il ne reste plus que 24 heures avant l'expiration de l'ultimatum. Shimon Peres, son bouillonnant rival, profite de cet instant de doute pour lui présenter l'« Opération Tonnerre ». Quatre C-130 Hercules, seuls appareils à disposer d'une autonomie suffisante pour rejoindre l'Ouganda sans escale, décolleront de Charm el-Cheikh, à l'extrême sud de la péninsule du Sinaï dont Israël a pris le contrôle en juin 1967. Une vieille Mercedes de même modèle que celle d'Idi Amin Dada a été livrée la veille aux forces spéciales, puis repeinte en noir. Ehoud Barak, jeune officier prometteur, a pris l'avion pour Nairobi afin de s'assurer que les autorités kenyanes accepteront de ravitailler les avions après l'assaut. L'heure est venue d'agir, reconnaît à l'unanimité le gouvernement israélien, qui donne son feu vert au lancement de l'opération.

EFFET DE SURPRISE ÉVENTÉ. Les ministres, avant de se séparer, ont été invités à garder le secret. Pas un mot ne filtrera jusqu'à l'atterrissage, à 0 h 01, du premier avion militaire sur l'aéroport d'Entebbe. Contrairement à ce qu'on pourrait craindre, un calme absolu règne aux abords du nouveau terminal. La rampe de chargement située à l'arrière du C-130 Hercules, partiellement baissée dès la phase finale de l'approche, achève de s'ouvrir tandis que l'appareil s'immobilise en bout de piste. La Mercedes jaillit hors de ses entrailles, suivie des deux jeeps. À vive allure, le convoi remonte l'ancienne piste sur près de deux kilomètres puis emprunte la bretelle qui mène au terminal désaffecté avant de ralentir soudainement à l'approche de la tour de contrôle.

En lisière de la route, la Mercedes vient de tomber nez à nez avec un soldat ougandais qui la tient en joue. Yonatan Nétanyahou saisit son pistolet Beretta muni d'un silencieux. « *Non Yoni, ne tire pas !* », l'interrompt son adjoint. Le lieutenant-colonel Moshe « Muki » Betser, qui a participé sept ans plus tôt à une mission de formation en Ouganda, sait que les militaires ont pour habitude de pointer leur arme au passage d'un convoi officiel. Trop tard. Le soldat s'effondre, touché par au moins une balle. « *Roule* », ordonne Nétanyahou, qui espère encore ménager l'effet de surprise. Mais quelques instants plus tard, une rafale de kalachnikov déchire la nuit. Un membre du commando israélien a achevé le soldat ougandais qui tentait de se relever. De tous les côtés, des balles se mettent à pleuvoir. Il n'est plus temps de faire dans la discrétion.

Lorsque la fusillade s'éteint, l'un des soldats se saisit d'un mégaphone. « Restez couchés, hurle-t-il, nous sommes des soldats de Tsahal ! »

Sans dévier de son plan initial, l'équipe d'assaut rejoint la porte du hall où sont retenus les otages puis se jette à l'intérieur. Comme prévu, les captifs sont couchés au sol tandis que leurs ravisseurs tirent, lancent des grenades et tentent de se dissimuler. Malgré la pénombre, les hurlements et la fumée, il faudra moins d'une minute au commando pour les neutraliser un par un. Lorsque la fusillade s'éteint dans le bâtiment, l'un des soldats se saisit d'un mégaphone. « *Restez couchés*, hurle-t-il, *nous sommes des soldats de Tsahal !* » Ses camarades mènent une rapide inspection à la recherche de terroristes encore en vie. Au sol, ils découvrent les corps inertes de trois otages. Ida Berkovitch et Pasco Cohen, sans doute tués par les preneurs d'otages, ainsi que Jean-Jacques Mimouni, fauché par une balle israélienne.

Dehors, au même moment, le vacarme redouble. Postés au sommet de la tour de contrôle, les soldats ougandais mitraillent sans relâche. Yoni Nétanyahou, grièvement blessé, est évacué tandis que Muki Betser donne l'ordre à ses hommes d'engager toute leur puissance de feu. Mitrailleuses, lance-roquettes : il faudra de longues minutes aux militaires israéliens pour prendre le contrôle de l'aéroport. Au moins une vingtaine de soldats ennemis sont tués, les autres ont pris la fuite. Au passage, les MiG ougandais stationnés près du vieux terminal sont détruits. Tandis qu'une fumée âcre s'élève dans le ciel, les 104 otages sont installés à la hâte dans l'un des trois C-130 qui se sont posés sept minutes après l'équipe d'assaut. Parmi eux, le fils de Dora Bloch s'enquiert de sa mère hospitalisée à Kampala. Un officier, gêné, lui répond qu'il ne peut rien pour elle. Non loin de là, Yoni Nétanyahou vient de rendre son dernier souffle.

Peu avant une heure du matin, les combattants de Sayeret Matkal décollent pour Nairobi où ils feront une brève escale – avant de mettre le cap sur Tel-Aviv pour y recevoir un accueil triomphal. Betser et ses hommes, meurtris par la mort de leur camarade, n'imaginent pas une seconde ce qui les attend. Dans l'avion qui survole la mer Rouge, ils prêtent à peine attention au bulletin d'information par lequel la radio militaire annonce le succès du raid et la libération des otages. Israël vient de perdre un héros, l'« Opération Tonnerre » entre dans la légende. ■

(1) Saul David, *Operation Thunderbolt – Flight 139 and the Raid on Entebbe Airport.*
(2) Raid sur Entebbe, documentaire diffusé par National Geographic Channel.

Moshe « Muki » Betser

« Maximiser l'effet de surprise »

Propos recueillis par Cyrille Louis

Le lieutenant-colonel Moshe « Muki » Betser dirigea l'assaut des forces israéliennes dans l'aéroport d'Entebbe au côté de Yonatan Nétanyahou. Aujourd'hui âgé de 73 ans, il savoure sa retraite dans le nord d'Israël mais n'a rien oublié de ces heures décisives.

LE FIGARO.- Décrivez-nous l'état d'esprit qui, en ce 3 juillet 1976, règne à bord de l'avion en vol pour Entebbe.

Moshe « Muki » BETSER.- Nous nous sentons très forts. On s'est beaucoup entraîné à ce type d'intervention, qui implique d'identifier instantanément les otages pour concentrer nos tirs sur les terroristes. Bien sûr, cette opération recèle certaines difficultés spécifiques mais elles nous paraissent surmontables. Le fait que, parmi nous, plusieurs soldats israéliens aient servi en Ouganda quelques années plus tôt est assurément un atout. Les pilotes aux commandes de l'avion ne savent pas dans quelles conditions ils vont atterrir mais ils ont déjà emprunté ce couloir aérien. Et puis, avec Yoni, on en a vu d'autres... En 1972, nous avons participé à la capture de cinq officiers des services de renseignements syriens dans le but de les échanger contre trois pilotes israéliens retenus par le régime de Damas. De notre point de vue, cet assaut n'a donc rien d'une mission impossible. L'essentiel, à nos yeux, est de maximiser l'effet de surprise.

L'atterrissage est la première phase délicate du raid. Comment déjouer la vigilance des contrôleurs aériens ougandais ?

Nous partons du principe qu'ils ne s'attendent pas à ce que les forces spéciales israéliennes interviennent si loin de leurs bases. Mais si notre approche éveille leur suspicion, nous savons qu'ils risquent d'éteindre l'éclairage de la piste. C'est pourquoi notre avion est équipé d'un radar qui doit lui permettre d'atterrir dans l'obscurité. Finalement, je crois me souvenir que Joshua Shani (le pilote, ndlr) s'est identifié auprès de la tour de contrôle comme le commandant d'un avion de ligne britannique qui devait se poser dans ce créneau horaire. Une fois au sol, il ralentit suffisamment pour qu'une partie de nos hommes descendent et disposent des lanternes de chaque côté de la piste à l'intention des avions qui, en sept minutes, doivent se poser en renfort.

Que savez-vous des soldats ougandais qui gardent l'aéroport ? Et à quelle réaction vous attendez-vous ?

Je sais, pour avoir personnellement formé certaines unités de l'armée ougandaise, que leurs connaissances sont très basiques. Ils savent charger un fusil, évoluer en terrain découvert et lire une carte mais ne sont pas habitués à combattre de nuit. Nous supposons par ailleurs que les hommes déployés depuis près d'une semaine sur l'aéroport s'ennuient et se sentent assez peu concernés par l'issue de cette prise d'otages qui leur est tombée sur les bras. En 1994, alors que j'étais de retour à Entebbe pour participer au tournage d'un documentaire, j'ai rencontré un colonel ougandais. Il m'a raconté qu'il était alors un jeune officier. « *Lorsque nous avons entendu que ça tirait sur l'aéroport*, m'a-t-il confié, *nous avons décidé de rester à l'écart le temps que les choses se calment…* »

« Les soldats ougandais s'ennuyaient et se sentaient assez peu concernés par l'issue de cette prise d'otages. »

Ne commettez-vous pas l'erreur de sous-estimer l'adversaire ?

Je ne le crois pas. Nous savons, grâce à l'étude des plans de l'aéroport et aux clichés pris par le Mossad, que les soldats ougandais et/ou les terroristes postés au sommet de la tour de contrôle bénéficient d'un poste de tir redoutable. C'est pourquoi nous sommes équipés d'un armement qui nous permet d'engager rapidement une grosse puissance de feu et de neutraliser l'ennemi. Rétrospectivement, notre seul faux pas fut d'ouvrir le feu contre le soldat que nous avons croisé sur la route du terminal. Mais ce fut une erreur lourde de conséquences…

Yonatan Nétanyahou, le commandant de votre unité, l'a payé de sa vie.

Yoni a fait une entorse aux plans, qui étaient de ne nous laisser distraire par aucun événement dans notre marche sur le terminal. Lui et moi étions de proches camarades. C'était un homme droit, silencieux, tout en retenue. Lorsque nous avons appris qu'il avait succombé à ses blessures, ce fut un coup terrible pour toute l'unité. Dans l'avion du retour, j'ai rappelé à mes hommes que l'opération était une réussite et que la mort de notre chef ne nous empêcherait pas de continuer à faire notre devoir pour le pays. ■

Éditorial paru dans « Le Figaro » du 5 juillet 1976

Une leçon de courage

Par Jean d'Ormesson

LE FIGARO

Le coup d'audace israélien à Entebbe

Une leçon de courage

Ce pays qu'on dit tempéré

Orne : les champs du désespoir

Jérusalem : confiance retrouvée

Soulagement en Occident Mutisme dans les capitales arabes

L'Espagne presque unanime contre le premier ministre

Israël vient de donner au monde entier, et plus particulièrement à l'Occident qui en avait besoin, une leçon magistrale. Que de voix geignardes et moutonnières n'avons-nous pas entendues devant ce mal de notre temps : les enlèvements d'otages ! Portée par la mode, la lâcheté et l'intoxication collective, l'idée s'était répandue qu'il n'y avait que deux attitudes possibles : s'incliner devant la violence ou condamner les otages. Israël vient de prouver qu'une troisième voie était toujours ouverte. La plus simple. Celle qui consiste à utiliser la force contre la force. Il n'est pas surprenant qu'elle nous frappe tous de stupéfaction : car elle demande de ces qualités auxquelles il semble que nous ayons renoncé : l'imagination, l'audace, le goût de la décision et, évidemment, de la lutte. Les nouveaux bien-pensants, n'en doutons pas – nous commençons à les connaître – jugeront que les otages presque tous sauvés et les terroristes abattus ne valent pas les otages rendus et les terroristes triomphants. Car ce qu'il était convenu d'appeler une heureuse solution, c'était la capitulation pure et simple. Quand on parlait de courage – nous l'avons fait ici même, sous les ricanements et les soupirs hypocrites de certains qui se reconnaîtront sans trop de mal –, il paraissait évident que la seule hypothèse envisagée était l'abandon des otages, tant l'Occident a perdu toute

réaction d'honneur, de risque calculé et de combativité naturelle.
Qui, aujourd'hui, osera s'élever contre l'opération israélienne ? Ne nous faisons pas d'illusion : il y aura de bonnes âmes pour s'indigner. Peut-être ira-t-on jusqu'à réclamer des représailles contre Israël ? L'URSS qui, il faut lui rendre cette justice, n'a jamais cédé d'un pouce devant le terrorisme international, devrait, en tout cas, avoir du mal à retourner sa position.
Il sera bien intéressant aussi de suivre l'évolution des réactions du maréchal Amin Dada. Franchement, s'il est, comme il le prétend, l'arbitre au grand cœur dont il a endossé l'uniforme, il aurait dû se réjouir de l'heureuse issue de l'affaire, au lieu de s'y opposer. Ou tiendra-t-il à donner raison aux journaux britanniques qui l'accusent ouvertement de complicité avec les terroristes ? Dans ce journal même, après avoir émis des réserves – légitimes, semble-t-il – sur plusieurs aspects de la personnalité du maréchal, il avait été fait appel, tout naturellement, à ses sentiments d'humanité. Il n'était pas nécessaire d'admirer Hitler ou Staline pour négocier avec eux. Il n'est pas nécessaire – sur un autre plan – de hisser le maréchal Amin Dada sur un pavois pour le mettre en face de ses responsabilités. Cette attitude nous a valu de fines attaques confraternelles.
Maintenant que la solution, de très loin la meilleure, a été enfin mise en œuvre avec un succès presque total, nous ne regrettons, pour notre part, ni d'en avoir appelé au courage ni d'avoir à tout prix sauvé la vie des innocents. La preuve est faite – et avec quel éclat ! – que la conjonction de ces deux impératifs n'était pas impossible. Mais il fallait évidemment, pour poursuivre ces deux fins en même temps, ne pas avoir l'âme trop basse et ne manquer, à la fois ni de courage ni d'imagination.
À condition bien entendu, que l'intégrité d'Israël soit définitivement assurée, il est très légitime que la France, amie d'Israël, poursuive en même temps une politique traditionnelle d'amitié avec les Arabes. Mais comment ne pas éprouver aujourd'hui de l'admiration – et, en vérité, de la gratitude – pour ce petit peuple héroïque ? Israël nous a appris en quelques heures – et il était temps ! – que, pour les États comme pour les individus, il n'y a de vrai salut que dans le courage. ■

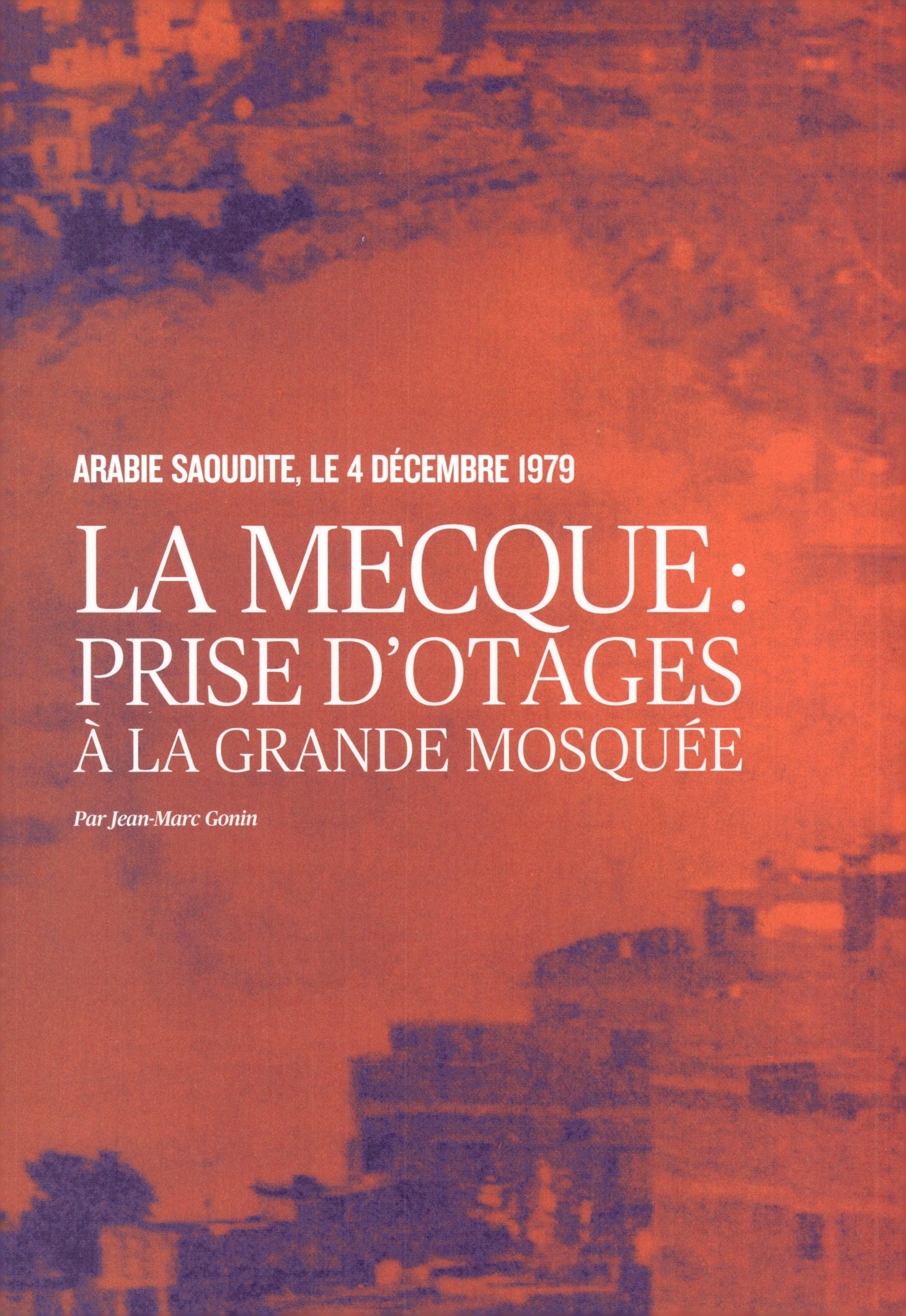

ARABIE SAOUDITE, LE 4 DÉCEMBRE 1979

LA MECQUE : PRISE D'OTAGES À LA GRANDE MOSQUÉE

Par Jean-Marc Gonin

En 1979, pendant deux semaines, le lieu le plus saint de l'islam a été investi par des terroristes qui s'étaient enfermés dans l'édifice sacré avec les pèlerins. L'Arabie saoudite dut appeler le GIGN à la rescousse pour mettre un terme au bain de sang.

Pour les djihadistes, son visage maculé de poussière et de fumée, cerné par une chevelure hirsute et une barbe touffue est devenu une icône. Sur la photo prise lors de sa capture, son regard noir trahit la farouche détermination d'un illuminé. Pendant deux semaines, du 20 novembre au 4 décembre 1979, Juhayman al-Otaibi a fait vaciller le trône d'Arabie saoudite. En investissant la Grande Mosquée al-Haram de La Mecque à la tête de deux cents combattants et en se barricadant à l'intérieur, il a pris possession du lieu le plus saint de l'islam et défié la monarchie saoudienne. Un acte terroriste inouï qui eut des répercussions dans l'ensemble du monde musulman et fit passer un frisson chez les Occidentaux inquiets pour la stabilité du plus grand producteur mondial de pétrole.

Dans le calendrier islamique, ce mardi 20 novembre 1979 est un jour particulier : il correspond au premier de l'An 1400, l'entrée dans un nouveau siècle. Il est un peu plus de 5 heures du matin à La Mecque. La prière de l'aube (al-fajr) débute. L'imam Ibn Soubbayil commence à lire les textes sacrés. Plusieurs dizaines de milliers de pèlerins sont massés autour de la Kaaba, ce cube drapé d'or et de noir vers lequel tous les musulmans du monde se tournent quand ils effectuent leurs dévotions. Soudain, des dizaines de djihadistes mêlés à la foule sortent des armes et tirent en l'air semant la panique. Ils maîtrisent les gardes seulement équipés – selon la règle en vigueur dans le lieu saint – de bâtons. Les insurgés se précipitent vers les larges portes et les ferment pour interdire l'accès aux forces de l'ordre. ▸▸

DOUBLE PAGE PRÉCÉDENTE : UN NUAGE DE FUMÉE S'ÉLÈVE AU-DESSUS DE LA KAABA. C'EST LA GUERRE AU CŒUR DE LA MECQUE.

ARABIE SAOUDITE

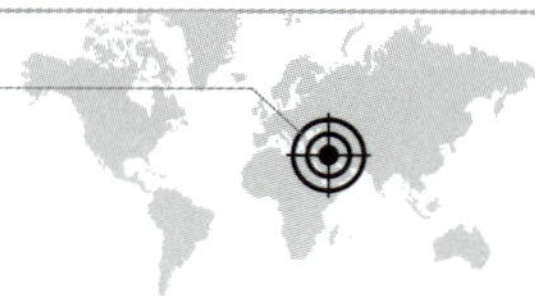

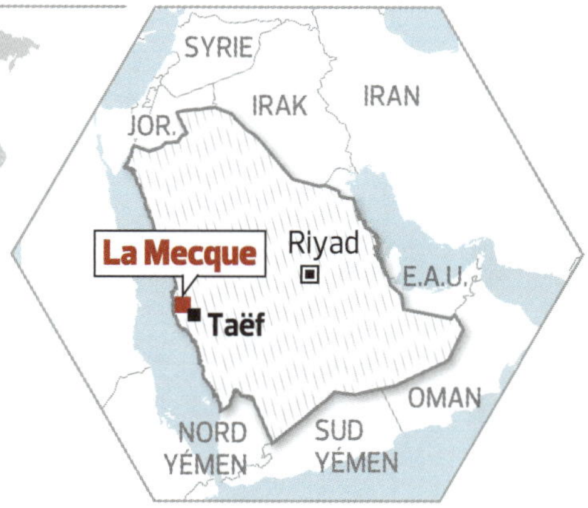

Carnage à La Mecque

Des fondamentalistes musulmans prennent d'assaut le lieu le plus saint de l'islam. Ils menacent de renverser la famille royale saoudienne.

1 **20 novembre 1979,** 5 h 00
Plusieurs centaines de fondamentalistes islamistes mêlés aux pèlerins, avec à leur tête Juhayman al-Otaibi, s'introduisent dans la Grande Mosquée de la Mecque, où se trouvent **50 000 fidèles,** pour protester contre la monarchie saoudienne.

2 Au cours des premiers jours, **les tentatives des forces saoudiennes** pour reprendre le lieu saint **échouent,** faisant des dizaines de morts.

3 Les terroristes se réfugient dans les **souterrains** : un labyrinthe de salles et de couloirs où ils avaient au préalable caché des armes.

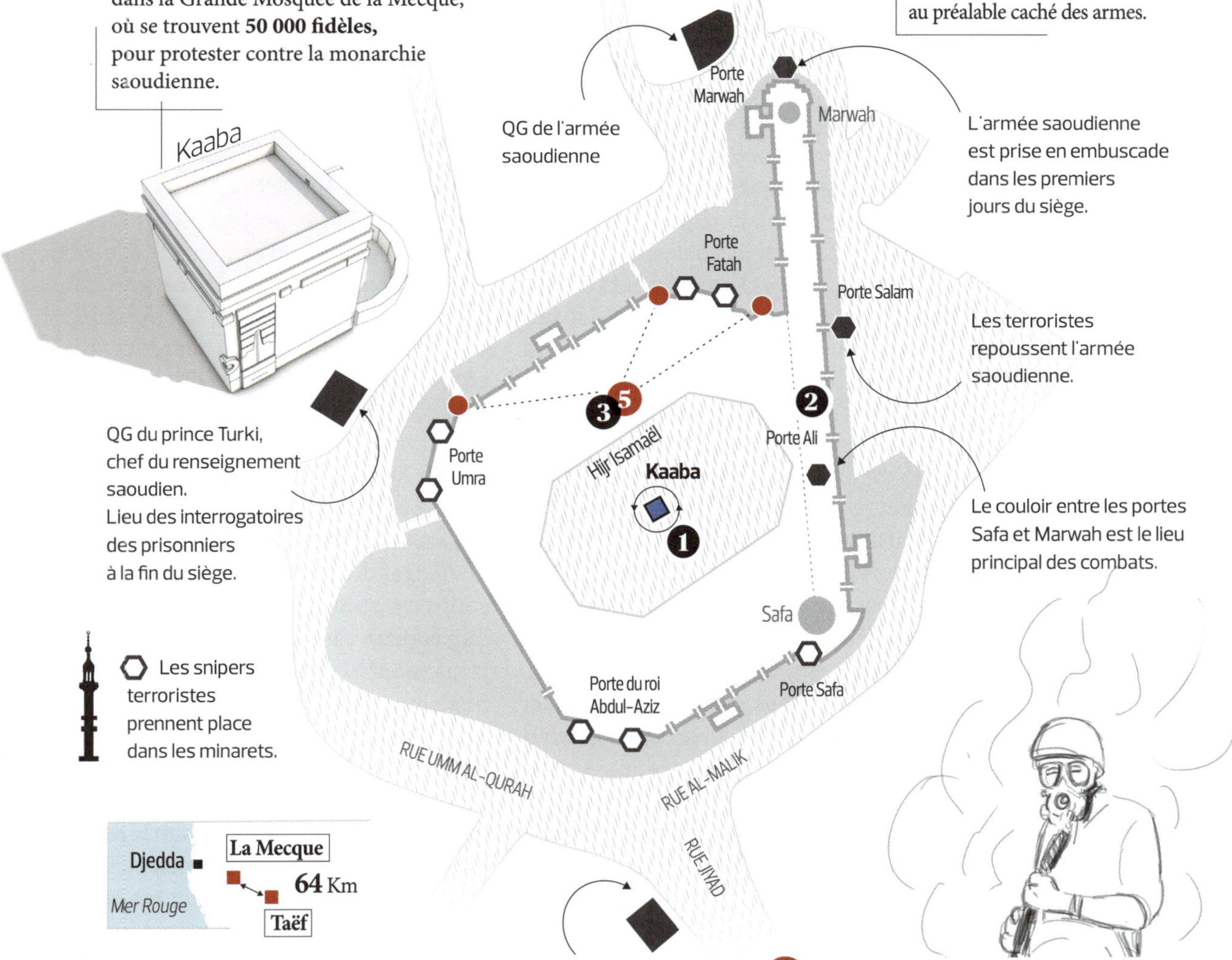

4 Le 29 novembre, **le GIGN est appelé en renfort**. Trois gendarmes, dont le capitaine Paul Barril, arrivent sur place après avoir planifié l'intervention depuis Taëf. Dans leur avion, 300 kg de CB, un gaz incapacitant.

5 **Le 4 décembre, les gaz incapacitants livrés par la France sont injectés massivement dans les sous-sols** à travers des trous forés dans la dalle de la mosquée. Les forces saoudiennes reprennent le contrôle du lieu.

400 *morts au moins* | **2** *semaines de siège* | **3** *gendarmes du GIGN mobilisés* | **63** *terroristes faits prisonniers et décapités en janvier 1980*

» Médusés, les fidèles voient un homme bousculer l'imam et lui arracher le micro. Vêtu d'une simple qamis – une robe traditionnelle – Juhayman al-Otaibi, 43 ans, lance des ordres à ses hommes. Après avoir pris possession d'autres armes dissimulées auparavant dans la mosquée, ceux-ci escaladent les sept minarets pour y installer des fusils-mitrailleurs. La première phase du plan est achevée : Juhayman et ses djihadistes occupent la mosquée al-Haram et peuvent tenir des assaillants à distance.

Le chef des insurgés passe à présent à l'étape essentielle. Il se lance dans une harangue où il proclame l'arrivée du rédempteur, le Mahdi, qui va nettoyer le monde musulman de toutes les souillures importées par les Occidentaux. Et de présenter à la foule son beau-frère Mohammed Abdullah al-Qahtani, incarnation du sauveur. Le message de Juhayman al-Otaibi est à la fois religieux et politique. En annonçant l'arrivée du Mahdi, il signifie aux dévots présents et, à travers les haut-parleurs de la mosquée, à toute la ville que la fin des temps est arrivée. Il décrète l'avènement du fameux imam caché. Et ce dernier, selon les thèses du mahdisme, s'impose à tous les croyants comme un souverain absolu auquel chacun doit se soumettre. « Tous » signifiant également la famille des Saoud qui règne sur l'Arabie, celle qui a ouvert les portes aux Américains, à la fois protecteurs du royaume et agents de propagation des « impuretés ». Un à un, les compagnons de Juhayman se prosternent devant ce Mahdi providentiel, lui baisent la main et font serment d'allégeance. Quelques pèlerins leur emboîtent le pas.

Sidérés, le roi et les princes saoudiens mettent du temps à réagir. En 1979, le roi Khaled est au pouvoir depuis quatre ans et ne montre aucun goût pour les affaires publiques. Son frère, le prince héritier Fahd – qui lui succédera moins de trois ans plus tard – est le véritable homme fort du royaume. Mais au moment de l'attaque de la mosquée, il se trouve à Tunis. Et le numéro trois dans la lignée, le prince Abdallah, séjourne au Maroc. Ce sont donc deux autres frères du roi, les princes Sultan, ministre de la Défense, et Nayef, ministre de l'Intérieur, qui vont se charger de reprendre le lieu saint aux insurgés.

UN REDOUTABLE ADVERSAIRE. L'affaire n'est pas simple. Car le protagoniste Juhayman al-Otaibi est un redoutable adversaire. L'homme est issu d'une grande tribu bédouine du Nejd, le haut plateau central de la péninsule d'Arabie. Ses ancêtres se sont battus au côté du roi Abdelaziz pour conquérir La Mecque, l'imposer sur le trône et fonder la dynastie des Saoud. Mais l'alliance n'a pas tenu et les tribus bédouines se sont révoltées contre Ibn Saoud qui finit par les écraser. Juhayman a grandi dans le ressentiment consécutif à cette trahison, accru par le fait que les Bédouins du Nejd n'ont pas profité de la manne pétrolière qui se déversait sur le reste du pays. Néanmoins, en 1955, à 19 ans, il est entré dans la Garde nationale saoudienne. Cette unité prétorienne est tout particulièrement chargée de la sécurité de la famille royale. Ses membres sont recrutés parmi les principales tribus du royaume. Il y passe dix-huit ans et en sort caporal. Profondément religieux dans la tradition rigoriste wahhabite, il rejoint ensuite les rangs des salafistes les plus fondamentalistes. Il prêche une vie austère et voue aux gémonies le confort, les divertissements et les technologies venus d'Occident. À Médine, ses thèses ont attiré à lui quelques centaines de fidèles. Il sera même l'auteur de plusieurs épîtres clandestines où il prône la destitution de la famille régnante.

Le pouvoir comprend qu'il a bénéficié de complicités pour préparer la prise de la mosquée al-Haram. Des armes et des munitions stockées dans les sous-sols y ont été apportées la veille avec des camions. D'autres sont arrivées enfermées dans des cercueils – des pèlerins ont coutume d'amener leurs morts au pied de la Kaaba. Et, semble-t-il, le matin même, des gardes les ont laissés entrer avec des fusils. La loyauté des forces de l'ordre est donc sujette à caution. De plus, les soldats saoudiens renâclent à intervenir. Pénétrer dans ce lieu saint en portant des armes et, pis encore, en les utilisant viole toutes les règles de conduite religieuses. Le roi Khaled doit donc convoquer l'assemblée des oulémas, les docteurs du droit islamique, pour qu'ils édictent une fatwa autorisant les soldats à intervenir dans la Grande Mosquée. Or au sein même de ce prestigieux cénacle siège Ibn Baz, un prêcheur aveugle dont Juhayman a suivi les enseignements…

Malgré ces obstacles, la fatwa est délivrée et les princes Sultan et Nayef lancent leurs hommes à l'assaut de la mosquée avant la fin du jour. C'est un carnage. Juhayman a posté des tireurs d'élite au sommet des minarets équipés d'armes précises. Dès qu'ils approchent de la mosquée cernée par une large esplanade, les soldats sont fauchés par une grêle de balles. Des dizaines de victimes sont à déplorer dès la première tentative de reconquête.

Dès qu'ils approchent de la mosquée cernée par une large esplanade, les soldats sont fauchés par une grêle de balles. Des dizaines de victimes sont à déplorer.

À cette déroute militaire s'ajoute la pression internationale qui va s'abattre sur l'Arabie saoudite. Le pouvoir a bien tenté d'imposer un black-out sur l'événement. Les lignes téléphoniques avec l'étranger ont été coupées et les frontières fermées. En 1979, l'information ne circule pas comme aujourd'hui où Internet, réseaux sociaux et chaînes d'information continue règnent en maîtres sur la planète. Pourtant, des Américains en poste en Arabie vont avoir vent de la tragédie qui se déroule à La Mecque et en informent l'administration du président Jimmy Carter. Dès le lendemain de la prise de la mosquée, un communiqué de presse du Département d'État est publié à Washington. À Riyad, on enrage. Le pouvoir saoudien comptait régler l'affaire avant que le monde entier l'apprenne.

La nouvelle sensationnelle va déclencher une émotion dans l'ensemble du monde musulman et attiser les tensions dans la région. Il ne faut pas oublier qu'au début de l'année, une révolution islamique a renversé le Shah d'Iran. Et que deux semaines avant la prise de la mosquée de La Mecque, des étudiants iraniens ont investi l'ambassade américaine de Téhéran et pris l'ensemble de son personnel en otages. À Washington, on devine – à tort – l'ombre de l'ayatollah Khomeyni derrière les insurgés saoudiens. Jimmy Carter réagit immédiatement en envoyant le ››

LES HOMMES DU GIGN EN CIVIL AVEC LEUR TRADUCTEUR, LE COLONEL OLABI : (DE GAUCHE À DROITE) PAUL BARRIL, CHRISTIAN LAMBERT ET IGNACE WODECKI.

LE PRÉSIDENT VALÉRY GISCARD D'ESTAING AU CÔTÉ DU ROI KHALED D'ARABIE SAOUDITE EN MARS 1980.

DEVANT UN PLAN DE LA MOSQUÉE DE LA MECQUE, IGNACE WODECKI ET PAUL BARRIL FORMENT DES SOLDATS SAOUDIENS AVANT L'INTERVENTION.

JUHAYMAN AL-OTAIBI, LE CHEF DES TERRORISTES, QUELQUES HEURES APRÈS SON ARRESTATION.

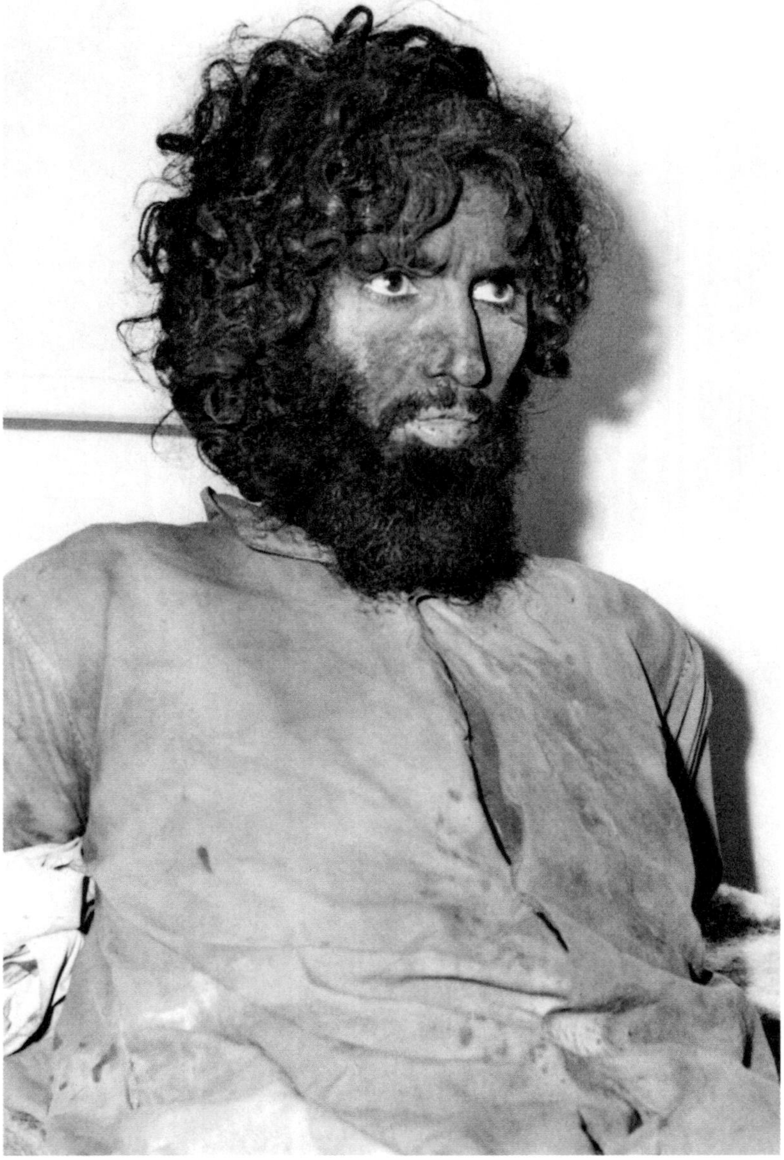

UN GROUPE DE TERRORISTES
ARRÊTÉS DANS LA GRANDE
MOSQUÉE DE LA MECQUE.

ÉQUIPÉS DE MASQUES À GAZ,
LES SOLDATS SAOUDIENS
INSPECTENT LES CAVES.

UN SOLDAT RESSORT DES CAVES
AVEC UN PANIER DE DATTES QUE
LES DJIHADISTES MANGEAIENT
PENDANT LE SIÈGE.

» groupe naval du porte-avions *Kitty Hawk* dans le golfe persique. De son côté, la république islamique d'Iran s'insurge contre ces accusations. Khomeyni leur répond par un message diffusé à la radio où il désigne du doigt les États-Unis et Israël comme les instigateurs de l'affaire de La Mecque.

Les propos de l'ayatollah se répandent comme une traînée de poudre. En Turquie, en Libye, au Bangladesh, au Koweït, les foules prennent pour cible des symboles américains – consulats, banques, centres culturels. À Islamabad, capitale du Pakistan, l'ambassade des États-Unis est envahie par des manifestants qui hurlent : « *Mort aux chiens américains !* » Deux militaires US sont tués et le bâtiment est incendié alors que le personnel s'est réfugié dans la cave. Face à cette colère généralisée, le chef de la diplomatie des États-Unis, Cyrus Vance, décide d'évacuer l'ensemble de ses représentations dans le monde musulman – à l'exception de l'Arabie saoudite.

À La Mecque, les forces saoudiennes, bien que conseillées par des officiers américains, éprouvent le plus grand mal à reprendre la mosquée. Les princes Sultan et Nayef décident d'employer les grands moyens. Des véhicules de transport blindés convergent vers le lieu saint. Des armes lourdes sont positionnées. Sans égard pour l'édifice sacré, les militaires défoncent les portes avec les blindés, mitraillent les minarets et bombardent la cour intérieure.

En Turquie, en Libye, au Bangladesh, au Koweït, les foules prennent pour cible des symboles américains. À Islamabad, l'ambassade des États-Unis est envahie.

TRAQUE SOUTERRAINE. Obligés de battre en retraite, les insurgés trouvent refuge dans les sous-sols de la mosquée. Ils y ont stocké des armes et des vivres en prévision du siège. Ils emmènent les pèlerins qu'ils avaient retenus en otages. Les caves sont vastes. On y dénombre des centaines de pièces reliées entre elles par un labyrinthe de couloirs obscurs. Quand les forces armées les poursuivent sous terre, les insurgés ripostent par un feu nourri. Dans les deux camps, des dizaines d'hommes tombent sans oublier les pèlerins otages. Mohammed Abdullah al-Qahtani, celui que Juhayman a proclamé Mahdi, s'illustre dans ces combats souterrains. Convaincu d'être sous protection divine, il saisit les grenades lancées par les militaires et les renvoie dans leur direction avant qu'elles explosent. Il y parviendra à plusieurs reprises sous le regard admirateur de ses camarades. Jusqu'au moment où l'un des projectiles lui explose dans la main. Déchiqueté par l'explosion, son corps va rester ainsi plusieurs jours gisant dans une mare de sang.

Au fil de cette difficile traque souterraine, les combats s'enlisent. Les forces saoudiennes perdent des hommes sans pour autant venir à bout de la résistance de Juhayman et de ses djihadistes. Un autre prince, Turki ben Fayçal, qui dirige l'agence de renseignement du royaume, prend alors les choses en main.

Dans le cadre de rencontres informelles entre patrons de services secrets – baptisées Safari Club parce que nées dans un *resort* de luxe kenyan appartenant à un riche Saoudien – il a fait la connaissance du comte Alexandre de Marenches, directeur du Service de documentation extérieure et de contre-espionnage français, le SDECE ancêtre de la DGSE. Le prince a entendu parler d'un groupe de gendarmes spécialisés dans les interventions antiterroristes et de libération d'otages, le GIGN. Il demande à son homologue français si ces hommes d'élite peuvent épauler les militaires saoudiens à La Mecque. Sollicité par Marenches, Valéry Giscard d'Estaing donne son feu vert.

Christian Prouteau, patron du GIGN, et Paul Barril, son adjoint, sont chargés par le président de préparer cette mission. Le 28 novembre 1979 soit huit jours après le début de la prise d'otages de La Mecque, trois gendarmes sont sélectionnés pour se rendre en Arabie saoudite : Paul Barril, qui commandera le dispositif, Christian Lambert, un spécialiste de l'utilisation des gaz et des explosifs, et Ignace Wodecki, moniteur commando proche de Christian Prouteau. À Maisons-Alfort, base du GIGN à l'époque, les préparatifs vont bon train. « *Nous avons rassemblé 400 kg de matériel dans trois cantines*, raconte Ignace Wodecki, qui coule aujourd'hui une paisible retraite dans le Var. *Et le lendemain, un Mystère 20 du gouvernement nous attendait à Villacoublay pour décoller vers Riyad avec une escale à Chypre.* »

Délicate, la mission doit être tenue secrète : France et Arabie saoudite ont convenu de la passer sous silence. Vers 18 h 00, les trois gendarmes débarquent sur le sol saoudien dans la plus grande discrétion. Il leur faut entrer en contact avec le moins de monde possible. Habillés en civil, ils sont accueillis à Riyad par l'attaché militaire de l'ambassade de France avant de repartir pour Taëf, une grande ville située à 70 km à l'est de La Mecque où ils sont logés à l'hôtel. « *On avait l'impression que les Saoudiens doutaient de la loyauté de leurs propres militaires*, confie Ignace Wodecki. *Comme si certains pouvaient prendre le parti des insurgés de La Mecque.* »

Le prince a entendu parler d'un groupe de gendarmes, le GIGN. Il demande à Alexandre de Marenches si ces hommes d'élite peuvent épauler les militaires saoudiens.

Le lendemain, on les amène dans une caserne. Six officiers et une trentaine de sous-officiers attendent les gendarmes. « *Nous devions leur dispenser une formation sur l'intervention à effectuer*, raconte Ignace Wodecki. *On a commencé par leur inculquer des méthodes simples, notamment de rester groupés au lieu d'envoyer des personnels dispersés dans différentes pièces.* » Quand les Français abordent l'utilisation de gaz lacrymogène – ils sont venus de Maisons-Alfort avec des quantités de CB, un puissant composé chimique qui déclenche larmes et sensations de brûlures de la peau et des muqueuses –, les hommes du GIGN se heurtent au scepticisme. À tel point que Paul Barril, vaporise le gaz par surprise sur un militaire. L'effet, ▸▸

» immédiat et douloureux, convainc l'assistance de l'efficacité du produit. *« On a même dû leur démontrer l'utilité des gilets pare-balles que nous avions apportés en tirant dessus »*, se souvient Ignace Wodecki. Outre la planification de l'intervention, les gendarmes assurent ensuite l'équipement des forces saoudiennes en faisant venir de France plusieurs centaines de kilos de CB, des masques à gaz et des gilets pare-balles.

Ignace Wodecki tient à rectifier une légende lancée par Paul Barril dans une interview. *« Nous ne nous sommes jamais convertis à l'islam pour entrer dans La Mecque comme il l'a raconté*, corrige le gendarme à la retraite. *En fait, nous sommes restés tout le temps à Taëf.* » Notre témoin explique néanmoins que leur conversion faisait partie des ordres uniquement au cas où ils auraient dû pénétrer dans la ville sainte. Ce qui ne fut jamais le cas.

La stratégie des hommes du GIGN porte enfin ses fruits. Avant d'intervenir, équipées de masques à gaz, les forces saoudiennes ont foré des trous dans la dalle de la mosquée al-Haram par lesquels le CB a été répandu. Quand ils descendent dans les souterrains, ils trouvent des insurgés dont le visage et les poumons brûlent. En larmes et suffocant, ils se rendent. Le 4 décembre 1979, au bout de deux semaines de siège, de prise d'otages et de combats, le lieu saint est libéré. Le soir même, Paul Barril, Christian Lambert et Ignace Wodecki sont dans l'avion qui les ramène en France. Ils n'ont presque rien vu de l'Arabie saoudite à part une brève visite de Taëf que leur traducteur, le colonel Olabi, parfait francophone, leur a organisée avant leur départ.

Paul Barril vaporise le gaz par surprise sur un militaire. L'effet, immédiat et douloureux, convainc l'assistance de l'efficacité du produit.

Juhayman et une centaine de djihadistes arrêtés avec lui sont jetés en prison. Le bilan exact, comme le nombre d'arrestations effectuées, ne seront jamais divulgués par les autorités saoudiennes. La prise de la Grande Mosquée de La Mecque connaîtra un sanglant épilogue « judiciaire ». Le 9 janvier 1980, trente-cinq jours après leur reddition, Juhayman al-Otaibi et 62 de ses complices – une quarantaine de Saoudiens, une dizaine d'Égyptiens ainsi que des Soudanais et des Yéménites – seront décapités dans différentes villes d'Arabie saoudite.

Quarante ans plus tard, les historiens voient dans la prise du lieu saint un moment capital. Beaucoup considèrent le terroriste Juhayman al-Otaibi, salafiste et fondamentaliste refusant modernité et valeurs occidentales, comme l'inspirateur d'Oussama Ben Laden et d'al-Qaida mais aussi celui des assassins du président égyptien Sadate et, héritiers lointains, celui des djihadistes de Daech. Son coup de force a également changé le visage de l'Arabie saoudite. Pendant deux semaines, la famille royale a eu si peur qu'elle a adopté le rigorisme religieux en vigueur jusqu'à nos jours : séparation rigoureuse entre hommes et femmes, omniprésence de la police des mœurs, interdiction du cinéma…

Juhayman al-Otaibi a été décapité mais il a remporté une victoire posthume : son image s'est imposée en filigrane à toute la société saoudienne. ■

Éditorial paru dans « Le Figaro » du 22 novembre 1979

Contagion

Par Serge Maffert

La flambée de violence qui s'étend des bords de la Méditerranée et de la mer Rouge jusqu'au Pakistan n'est pas directement liée au dernier rebondissement de la révolution iranienne et n'a pas été organisée par les ayatollahs. Mais il est certain que les événements de Téhéran ont servi de détonateur à des situations déjà explosives.

LE FIGARO

Les explosions du monde musulman et leurs retombées

Contagion

Islam : la loi des fanatiques

A La Mecque, terroristes et otages toujours dans la grande mosquée

France : graves inquiétudes pour l'énergie

Les quatre « plans »

Le dénominateur commun aux trois éléments qui marquent l'actualité de ces tout derniers jours, à Téhéran, à La Mecque et à Islamabad, est la fièvre religieuse qui s'est emparée de l'islam.

Le nationalisme arabe a été pendant de longues années le fait majeur du monde islamique. Il s'est nourri d'anticolonialisme (par exemple contre la France pendant la guerre d'Algérie) et surtout de la passion antisioniste et anti-israélienne. Le refus, en grande partie irrationnel, de l'existence d'Israël a été le principal, sinon le seul élément fédérateur d'États et de systèmes politiques fort disparates.

Pendant toute cette période, le facteur religieux a été secondaire. Bien plus, le fanatisme islamique a été combattu avec détermination par des hommes comme Bourguiba ou Nasser et plus généralement, mais pas exclusivement, par les régimes les plus « révolutionnaires » du monde arabe et en Iran par le régime impérial. La seule exception notable est l'Arabie saoudite qui reste fondamentalement un État religieux.

Sur le plan des relations internationales, les États musulmans se livraient à un savant jeu de bascule entre les États-Unis et l'Union soviétique, jouant de la rivalité des deux blocs au mieux de leurs intérêts.

La révolution islamique d'Iran a profondément troublé cette mécanique et a détruit en partie ce qu'elle avait de logique et de prévisible. On a vu tout à coup apparaître un régime qui récuse toutes les règles du jeu antérieures et qui n'en accepte plus qu'une, le Coran et la tradition coranique.

Ce renouveau religieux se traduit, en Iran même, par des attitudes et des propos dans le domaine de la vie quotidienne publique ou privée qui nous paraissent aberrants en 1979, mais qui peuvent correspondre à ce que la chrétienté occidentale a connu pendant les mille ans où la religion baignait toute l'activité sociale.

De même, l'antiaméricanisme forcené qui règne en Iran, au Pakistan ou ailleurs est l'expression d'un « refus de l'impérialisme » et d'un nationalisme combattant. Mais il est sans doute plus que cela : les États-Unis, symbole d'une civilisation rejetée en bloc par l'extrémisme islamique, sont en quelque sorte l'incarnation moderne du Diable. Cela ressort clairement d'innombrables déclarations faites par ces nouveaux combattants de la foi que sont les étudiants islamiques. Avec le Diable, il n'y a pas d'accommodement. ■

DJIBOUTI, LE 4 FÉVRIER 1976

LOYADA

RAID FONDATEUR POUR LE GIGN

Par Patrick Saint-Paul

La prise en otage d'un car d'écoliers français âgés de 5 à 8 ans par des indépendantistes à la solde de la Somalie a constitué le baptême du feu des supergendarmes dont l'unité avait été fondée deux ans plus tôt.

La touffeur moite de la nuit djiboutienne fouette le visage des neuf gendarmes d'élite dès leur atterrissage. Il est 0 h 45 ce 4 février 1976 lorsque les hommes du lieutenant Christian Prouteau touchent le sol du Territoire français des Afars et Issas (TFAI) et le thermomètre affiche encore 26 degrés. Trente et un enfants de militaires français stationnés dans ce « confetti d'empire » stratégique, en route vers l'indépendance, sont détenus en otage dans un car depuis le matin du 3 février au poste de Loyada à la frontière avec la Somalie. Et le général Pierre Brasart en est persuadé : ils ne tiendront pas une nuit de plus dans ce désert torride entre les mains d'un commando prosomalien du FLCS, ivre de khat, l'herbe hallucinogène mâchée à travers la Corne de l'Afrique.

Le général Brasart s'impatiente. Mais le périple de l'équipe du GIGN n'est pas terminé. Le lieu de la prise d'otages se situe à 15 kilomètres au sud de Djibouti. Le trajet se fera en black-out, tous phares éteints, après le barrage de sortie de la ville, pour ne pas se faire repérer sur la piste de sable dans l'obscurité. Il faudra deux heures. Le premier chauffeur ne distingue pas la piste. La Jeep s'emballe dans les dunes et se retourne à plusieurs reprises. Les hommes qui ont dû creuser pour se dégager, arrivent en piteux état au quartier général de Brasart et ressemblent davantage à une bande de pieds nickelés qu'à une troupe d'élite. Prouteau n'en mène pas large face à l'ancien commando d'Indochine.

« Des tireurs d'élite commandés par un binoclard ! », s'exclame le général Brasart, incrédule. Avant d'ajouter, en ▸▸

DOUBLE PAGE PRÉCÉDENTE : LA VITRE BRISÉE DU CAR SCOLAIRE TÉMOIGNE DES COUPS DE FEU TIRÉS PENDANT LA LIBÉRATION DES ENFANTS.

TERRITOIRE FRANÇAIS DES AFARS ET DES ISSAS

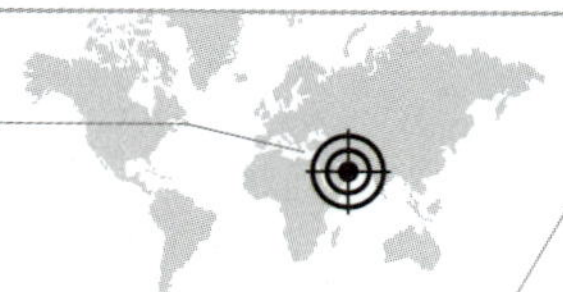

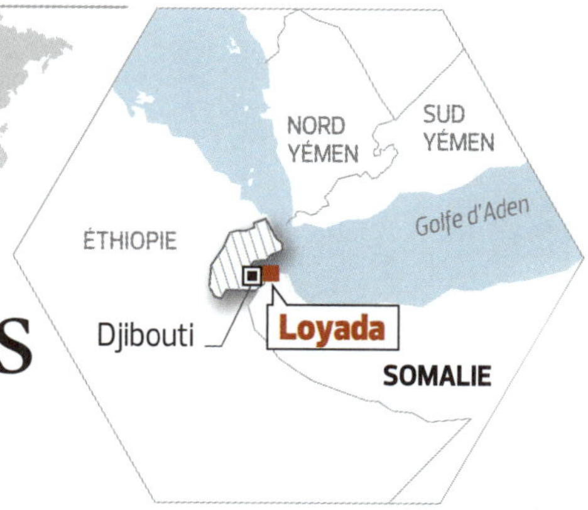

Les supergendarmes abattent cinq terroristes

En février 1976, trente et un enfants sont pris en otage dans un car scolaire. Le GIGN et les légionnaires du 2e REP les libèrent après vingt minutes de combat.

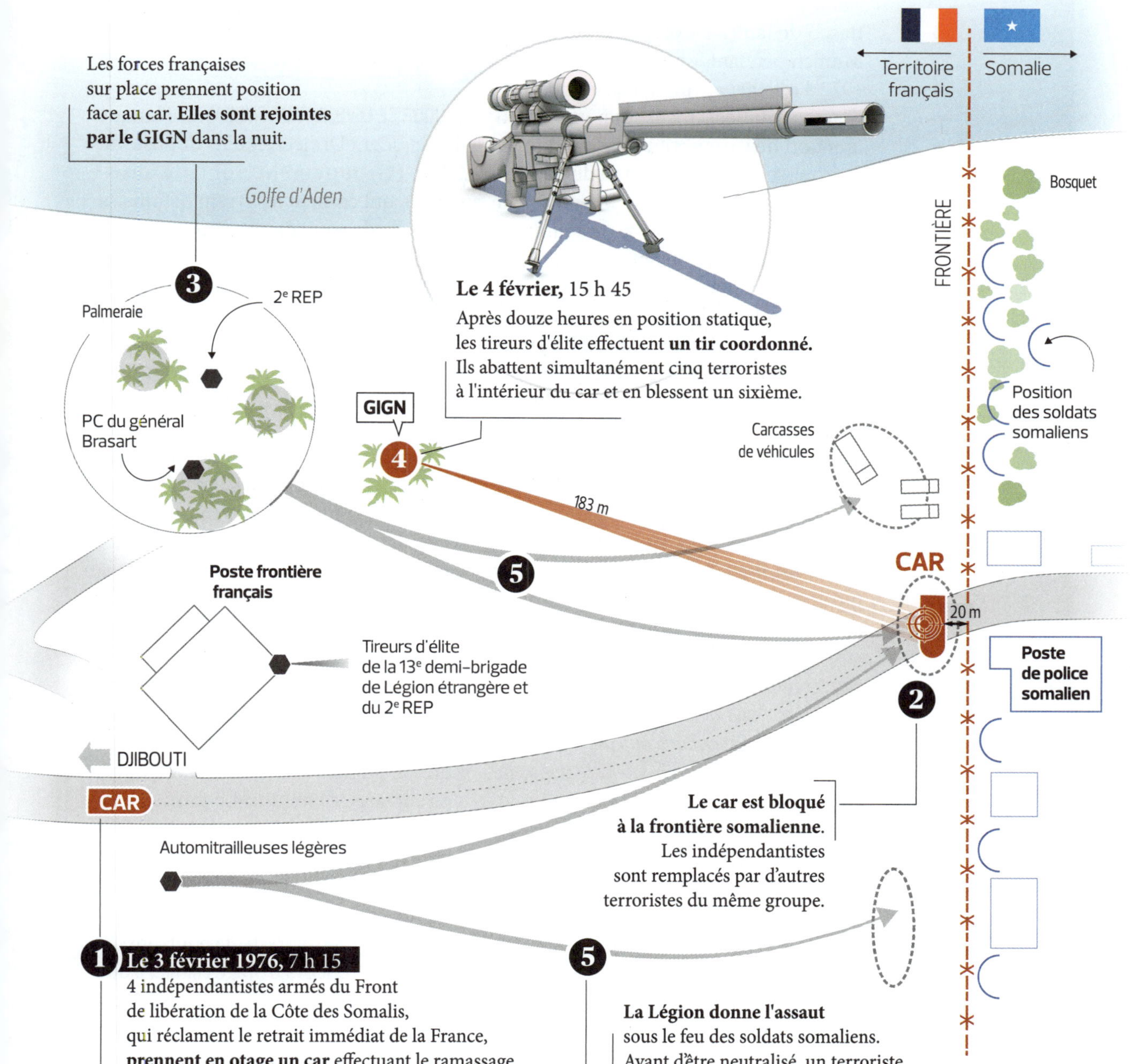

1 **Le 3 février 1976, 7 h 15**
4 indépendantistes armés du Front de libération de la Côte des Somalis, qui réclament le retrait immédiat de la France, **prennent en otage un car** effectuant le ramassage scolaire des **enfants des militaires français.**

2 **Le car est bloqué à la frontière somalienne.** Les indépendantistes sont remplacés par d'autres terroristes du même groupe.

3 Les forces françaises sur place prennent position face au car. **Elles sont rejointes par le GIGN** dans la nuit.

4 **Le 4 février,** 15 h 45
Après douze heures en position statique, les tireurs d'élite effectuent **un tir coordonné.** Ils abattent simultanément cinq terroristes à l'intérieur du car et en blessent un sixième.

5 **La Légion donne l'assaut** sous le feu des soldats somaliens. Avant d'être neutralisé, un terroriste **lâche une rafale et tue deux fillettes.**

31 *enfants pris en otages*

2 *enfants tués*

1 *enfant emmené en Somalie et libéré plus tard*

20 *preneurs d'otages et militaires somaliens tués*

20 *minutes : durée de l'action*

» se tournant vers Prouteau : « *Moi, quand je vois un type à lunettes, je le fous au secrétariat* ».

Cela aurait pu mieux débuter pour Christian Prouteau et ses hommes. D'autant qu'ils jouent gros dans cette affaire. Le GIGN a été créé deux ans plus tôt. La formation de cette unité spéciale « anti-prise d'otage » est décidée après le fiasco de la prise d'otages sanglante de Munich pendant les Jeux olympiques de 1972. Le lieutenant de gendarmerie sélectionne minutieusement ses hommes, en fonction de leurs aptitudes physiques et psychologiques et les forme à des techniques de tir révolutionnaires. Mais ils n'ont jamais eu l'occasion de faire vraiment leurs preuves. Les atermoiements de la justice, les hésitations des politiques ont pour effet de brider l'action et l'efficacité de son groupe d'intervention. Le président Valéry Giscard d'Estaing qui l'a vu à l'œuvre, notamment à Orly, où Carlos retranché avec un otage dans les toilettes lui a glissé entre les doigts à cause des hésitations de la hiérarchie, a décidé de lui faire confiance. « *C'était la première affaire internationale de cette envergure depuis les JO de Munich. C'était la première fois qu'un car d'enfants était pris en otage*, se souvient Christian Prouteau pour *Le Figaro*. *J'étais persuadé que nous pouvions les sauver tous. Pour cela il fallait un tir simultané, une seule détonation pour éliminer tous les terroristes d'un coup avec plusieurs tireurs d'élite, sans qu'ils aient le temps de réagir. Nous nous étions entraînés pour ça. Nous étions prêts. J'étais persuadé que l'affaire serait réglée en quelques minutes.* »

La situation est plus complexe que prévu. Selon les informations transmises au lieutenant Prouteau, la prise d'otages se déroule en milieu urbain. Or le car s'est immobilisé en plein désert à quelques mètres de la frontière somalienne. Les supergendarmes devront donc intervenir sous un soleil de plomb, à découvert. On lui a dit que les preneurs d'otages étaient au nombre de quatre. En réalité, ils étaient quatre à l'origine, mais leur nombre fluctue entre six et huit, qui effectuent des allers-retours avec le poste-frontière somalien. Embués, ses optiques nocturnes et son matériel radio ont été rendus inutilisables par leur séjour dans la soute de l'avion. Prouteau sait qu'il devra agir avant la tombée de la nuit.

LE JOUR SE LÈVE, IL FAUT FAIRE VITE. Flanqué de l'adjudant Dimeck, le chef de poste du GNA (Groupement nomade autonome), qui connaît le terrain comme sa poche, et de son adjoint, Prouteau procède à une reconnaissance. Les hommes s'approchent en rampant à une cinquantaine de mètres du véhicule. Tout est calme dans le car. Les enfants dorment ou somnolent. C'est le moment qu'a choisi le chauffeur Jean-Michel Dupont pour sortir assouvir un besoin naturel. Les gendarmes l'aperçoivent. Il est un peu à l'écart. Il semble hésiter. Il pourrait s'échapper, courir vingt ou trente mètres vers la liberté, mais décide de rebrousser chemin pour ne pas abandonner les enfants. Puis ils repèrent un blindé de transport de troupes et une demi-compagnie de militaires somaliens, qui discutent avec les membres du commando du FLCS (Front de libération de la Côte des Somalis). Au bout de quelques minutes, Dimeck s'impatiente. Il est temps de rebrousser chemin. Le jour se lève sans crier gare dans le désert afar. Il faut faire vite, ils risquent de se faire repérer.

Prouteau ressort de la tente du général Brasart à 5 h 30, après lui avoir assuré que ses six tireurs d'élite pourront éliminer les preneurs d'otages sans risque pour les enfants. Il lui dit que les Somaliens sont impliqués dans cette affaire, contrairement aux assurances du Quai d'Orsay et à ce que croit savoir le général. La Corne de l'Afrique est l'une des zones chaudes de la Guerre froide, entre le bloc soviétique et les Occidentaux. Située aux confins de l'Éthiopie, alliée de l'Occident, et de la Somalie, soutenue par l'URSS, qui a installé une base militaire à Berbera, Djibouti occupe un espace stratégique face au golfe d'Aden, qui ouvre l'accès au canal de Suez. Pour le Kremlin, la présence militaire dans la Corne de l'Afrique est d'autant plus importante que l'Égypte a congédié les conseillers militaires soviétiques. La Somalie de Siad Barre revendique le territoire de Djibouti, des zones frontalières du Kenya et de l'Ogaden éthiopien. Elle possède une armée équipée par les Soviétiques de chars lourds, d'avions de chasse et de bombardiers. Avec cette prise d'otages, les Issas, proches des tribus somalies, espèrent porter un coup décisif face aux Afars, en vue de l'indépendance de Djibouti et de son rattachement futur à la Somalie. Alors que les Soviétiques sont stationnés à Aden, où sont aussi installés des Cubains, le contrôle du port de Djibouti leur permettrait de verrouiller l'accès au canal de Suez. C'est pourquoi la France entretient une présence d'environ 5 000 militaires à Djibouti, ce qui ne dissuade pas des combattants issas de s'infiltrer sur ce territoire et d'utiliser le terrorisme pour tenter de prendre leurs rivaux afars de vitesse.

Mais jusqu'à ce stade, Paris refusait de croire à une implication de la Somalie et de ses parrains soviétiques dans la prise d'otages de ce car d'enfants.

Il est 7 h 15 le matin du 3 février, lorsque le car vert conduit par Jean-Michel Dupont arrive à la halte de la palmeraie de la Cité du Progrès, l'arrêt le plus proche de la frontière somalienne. Son car, le n° 5, ne va garder que les enfants les plus petits, âgés de 5 à 8 ans, pour les conduire à l'école de la Nativité. La chaleur envahit doucement son véhicule et le chauffeur, qui effectue son service militaire à Djibouti, ouvre la porte latérale pour faire un courant d'air. C'est à ce moment que les quatre terroristes saisissent les armes et les grenades dissimulées dans un sac de jute et grimpent par la porte latérale en vociférant. L'un des hommes lui ordonne de démarrer et de prendre la route d'Arfa. Les trente et un enfants cessent de chanter et se tassent les uns contre les autres. « *Plus vite* », ordonne l'un des ravisseurs. Le car vert franchit le dernier barrage à la sortie de la ville et s'engage sur la nouvelle piste de Loyada, la piste blanche qui mène tout droit vers la Somalie. L'alerte a été donnée par une enveloppe ramassée par des gendarmes à un poste de contrôle : « *Ce car est pris en otage par un commando du FLCS, vous feriez mieux de le laisser passer pour sauvegarder les enfants.* » Le général Brasart donne l'ordre de l'intercepter avant qu'il ne franchisse la frontière somalienne « *par tous les moyens* ». L'objectif est aussi de ramener les otages vivants, coûte que coûte.

Les trente et un enfants cessent de chanter et se tassent les uns contre les autres. « Plus vite », ordonne l'un des ravisseurs.

Pris en chasse par les légionnaires de la seconde compagnie du 2e REP, commandée par le capitaine Soubirou, le bus s'arrête une première fois à hauteur du poste de gendarmerie nationale. Les gendarmes ont disposé en travers de la piste une camionnette, qui barre le passage. Les ravisseurs sont nerveux et ouvrent le feu alors que les légionnaires prennent position dans les combles d'un bâtiment du poste et dominent le car immobilisé à une quinzaine de mètres de ››

PENDANT LA CRISE, DES SOLDATS FRANÇAIS DEVANT UN BARRAGE À DJIBOUTI.

LE CAR SCOLAIRE
APRÈS LE
DÉNOUEMENT DE LA
PRISE D'OTAGES.

LA PRISE D'OTAGES A PROVOQUÉ DES MANIFESTATIONS INDÉPENDANTISTES HOSTILES À LA PRÉSENCE FRANÇAISE.

UN PARA FRANÇAIS SURVEILLE À DISTANCE DES MANIFESTANTS.

» leurs armes. Le capitaine Soubirou, qui commande ses hommes de l'avant comme il en a l'habitude, évalue le terrain. Quatre cents mètres au-delà du véhicule se trouve le poste de la GNA où sont installés quelques goumiers locaux. À gauche de la piste jusqu'à la plage et l'océan indien et ses eaux vert-bleu, s'étend une palmeraie rachitique d'une centaine de mètres. Au-delà du poste de la GNA, la piste continue dans un no man's land sur un glacis de quelque 200 mètres. Puis c'est le poste frontière somalien. Les ordres sont de réagir à tout coup de feu des ravisseurs par un tir pour tuer et d'interdire tout déplacement du car.

Vers 7 h 50, un enfant est envoyé vers le chef de poste avec une lettre contenant les revendications du FLCS. Les ravisseurs demandent l'annulation du référendum prévu par la France et l'indépendance immédiate, la libération de tous les détenus politiques ainsi que l'arrêt sans délai de toutes les mesures répressives. « *Si le gouvernement de la France essayait de faire le malin, il aurait à le regretter* », préviennent-ils... Des conditions inacceptables pour Paris. Mais pour gagner du temps, Jean Froment, haut commissaire adjoint du TFAI, chargé des négociations, assure aux preneurs d'otages qu'elles ne sont aucunement déraisonnables. Cependant, il affirme qu'il lui faut attendre un feu vert de Paris. Le commando exige une réponse rapide. À l'intérieur du véhicule, la tension monte pendant l'attente. Les ravisseurs sentent l'étau se resserrer sur eux et la consommation de khat les rend de plus en plus nerveux. Vers 10 heures, l'un des terroristes tire une balle par mégarde dans le radiateur du car.

Les ravisseurs demandent l'annulation du référendum et l'indépendance immédiate, la libération des détenus politiques ainsi que l'arrêt des mesures répressives.

Toujours sans réponse de Paris, le commando exige que la camionnette barrant la piste soit déplacée. À 11 heures, l'autocar s'ébranle sous le regard impuissant du capitaine Soubirou, qui l'observe s'éloigner à faible allure puis s'immobiliser au-delà du poste de la GNA dans le no man's land, à une vingtaine de mètres du poste somalien. N'ayant pas été autorisé à emporter les nouveaux fusils à lunette, FR-F1, il sait que lui et ses hommes sont impuissants pour neutraliser le commando, hors de portée à cette distance. Il faudra attendre les spécialistes du GIGN auxquels le général Brasart a décidé de faire appel. Les preneurs d'otages acceptent la présence d'une assistante sociale pour prendre en charge et calmer les enfants. Elle leur fera livrer des repas, de l'eau et des médicaments, essentiellement des calmants, pour éviter qu'ils ne s'agitent et rendent la situation totalement incontrôlable. Les ravisseurs en sont persuadés : les Français vont se « *coucher* » et « *ramper pour récupérer leurs enfants* ».

Arrivés dans la nuit, Prouteau et ses hommes prennent position le lendemain matin, vers 5 h 30, derrière un petit repli de sable situé en avant de la palmeraie où sont postés les légionnaires et à 183 mètres du car. Une distance idéale pour les tireurs d'élite dont les lunettes sont réglées à 200 mètres.

Lorsque le commando affirme que c'est sa « *terre qui est prise en otage* », le président Giscard d'Estaing comprend qu'il n'y a plus rien à attendre d'eux et donne l'ordre au GIGN de tirer par l'intermédiaire du général Brasart. Mais à une condition expresse : un seul preneur d'otage doit être présent dans le véhicule au moment d'ouvrir le feu, pour préserver les enfants. « *Impossible. Ils sont en per-*

manence au moins à cinq ou six à l'intérieur », pense immédiatement Prouteau. Les tireurs sont enterrés dans le sable de plus en plus brûlant, alors que le soleil tape et qu'ils n'ont pris ni eau, ni casquettes. Ils ciblent les ravisseurs à travers le réticule des lunettes de leurs fusils FR-F1. Du revers de la manche, ils essuient la transpiration qui ruisselle et brouille la vue. Ils conservent leur concentration grâce aux visages des enfants qu'ils observent à distance dans leurs optiques. Ses hommes fondent au soleil sous 52 degrés et il redoute les phénomènes de mirage. Prouteau sait qu'ils ne tiendront pas très longtemps dans ces conditions et dit à Brasart que sa mission est de sauver les enfants. Il décide de désobéir en donnant l'ordre de tirer. « *Les terroristes étaient huit dans le bus et autour,* explique Christian Prouteau. *Ils étaient agités et menaçaient d'égorger les enfants. Il fallait agir vite.* »

Du revers de la manche, ils essuient la transpiration qui brouille la vue. Ils conservent leur concentration grâce aux visages des enfants qu'ils observent dans leurs optiques.

« FEU SUR TOUT CE QUI TIRE ». Il lance « zéro », le compte à rebours à partir duquel chacun des six tireurs compte trois secondes dans sa tête avant de presser la queue de détente. Les six cibles doivent être alignées simultanément par les tireurs. Si l'un d'eux dit « non », le décompte reprend à « zéro ». À midi, le lieutenant de gendarmerie décide une pause. Les tireurs rampent vers l'arrière. Des repas sont envoyés vers l'autocar. Il espère tirer avantage d'un moment de torpeur après le déjeuner. Des tranquillisants sont ajoutés aux bouteilles d'eau. Brasart fait passer une consigne à l'assistante sociale : il faut que les enfants dorment. Soubirou lui dit : « *Au premier coup de feu, plaquez-vous au sol avec les enfants* ». « *Ça ne bougeait plus beaucoup dans le car, les ravisseurs se cachaient derrière les enfants. À 15 heures, j'ai dit à Brasart que nous allions tirer. Dès que nous faisions feu, les légionnaires devaient s'élancer, ils avaient une minute pour arriver sur le car.* » À 15 h 45, les six ravisseurs postés dans le véhicule sont alignés dans les viseurs. Le sang gicle sur les fauteuils en skaï. « *Trois des types ont glissé sur eux-mêmes. Deux autres se sont affalés sans bouger.* » Un sixième, effondré sur les marches du car, est touché à la jambe. « *Les gendarmes du GIGN ont l'habitude d'intervenir dans un milieu sécurisé,* décrypte le général Soubirou. *Moi, je savais qu'au premier coup de feu ce serait la guerre.* »

Il ne s'était pas trompé. Les soldats somaliens saisissent immédiatement leurs mitrailleuses MG-42, qui tirent 1 800 coups/minute, et ouvrent le feu en direction de la palmeraie. Voyant que les hommes du 2e REP sont bloqués, Prouteau donne l'ordre de faire « *feu sur tout ce qui tire* ». Soubirou donne l'assaut. Les légionnaires abandonnent le pas allongé réglementaire, étudié pour maintenir la précision de leurs tirs. « *Dans ces circonstances, il fallait courir pour aller sauver les enfants le plus vite possible. C'est ce que nous avons fait. Nous avons mis trente à quarante secondes pour parcourir les 200 mètres sur ce glacis* », se souvient le général Soubirou. Le temps que les hommes du 2e REP et ceux du GIGN fondent sur le car, un terroriste y a pénétré et se protège derrière un enfant, dont il a fracassé le visage d'un coup de crosse, qu'il tient dans ses bras. Il sera aussitôt abattu.

L'homme lâche une rafale en s'effondrant. Jean-Michel Dupont est touché, ainsi que Nadine Durand, la petite fille qu'il tentait de rassurer, tuée sur le coup. Les balles ont aussi frappé l'assistante sociale, Jehanne Bru et un groupe ▸▸

» de fillettes autour d'elle. La jeune Valérie Geissbuhler succombera à ses blessures. Un garçon âgé de sept ans, Franck Rutkovsky, parvient à s'échapper seul. Mais il se réfugie du mauvais côté, dans un bâtiment du poste frontière tenu par les soldats somaliens, qui l'entraîneront dans leur fuite jusqu'à Mogadiscio. Il sera libéré le lendemain à la présidence. « *À la fin de l'opération, j'ai eu l'impression que nous avions échoué,* raconte Christian Prouteau. *Notre but était de ramener tout le monde vivant mais il y avait eu des morts. J'étais furieux contre le général Brasart. Les militaires devaient arriver en une minute et ils en ont mis trois. Toute ma vie je me suis refait le film, repassant chaque détail au crible. Malgré les deux minutes de retard, il n'a manqué que dix secondes pour les sauver tous.* »

« Toute ma vie je me suis refait le film, repassant chaque détail au crible. Malgré les deux minutes de retard, il n'a manqué que dix secondes pour les sauver tous. »

Le lieutenant Prouteau et ses hommes reviennent à Djibouti, au mess, épuisés, avec un sentiment amer d'échec. Des parents d'enfants pris en otages y sont rassemblés au milieu d'autres militaires. Des chuchotements parcourent la petite assemblée. « *Ce sont les gendarmes de Paris. Ceux qui ont tiré.* » Quelqu'un lance des remerciements pour ce « *travail exceptionnel* » au nom des parents. Des salves d'applaudissements éclatent. « *Face aux journalistes j'ai dû être cynique et dire que c'était un succès,* confie Prouteau. *Avec du recul, il faut bien reconnaître que nous avons réussi quelque chose d'unique : le premier tir simultané, et le dernier. C'est quelque chose de très compliqué. Cela a tout changé pour le GIGN. Dès lors, notre travail et notre utilité ont été reconnus. Nous avons obtenu des crédits, des hommes et du matériel. Nous avons privilégié la mobilité, la rapidité dans l'action, avec l'utilisation de gaz à haute dose, avec des approches en hélicoptère et des descentes rapides à la corde pour intervenir en haut d'immeubles et de tours. Le GIGN est devenu une force d'élite mondialement reconnue.* »

Pour le général Pierre Brasart, rien n'est terminé le 4 février 1976 au soir. « *Il s'est tourné vers moi et m'a dit que, techniquement, nous étions en guerre contre la Somalie,* raconte le général Soubirou, qui commandera par la suite la célèbre Force de réaction rapide (FRR) en Bosnie. *Et à l'époque, l'armée somalienne ce n'était pas rien !* » En réalité, la puissance coloniale vient de tirer ses dernières cartouches dans le Territoire français des Afars et des Issas. Les Djiboutiens voteront « oui » massivement au référendum d'indépendance du 27 juin 1977. Et Hassan Gouled s'installera au pouvoir. La France conservera une présence militaire dans le port stratégique de Djibouti.

L'intérêt pour ce petit territoire ne s'est pas éteint avec la Guerre froide. Aujourd'hui, les grandes puissances rivalisent pour s'attirer les grâces du régime en place. Les États-Unis et la Chine y ont des bases militaires importantes. Christian Prouteau retournera en Somalie quelques années après l'indépendance à la demande de François Mitterrand alors que ce pays cherche à s'éloigner du giron soviétique. Siad Barre a un message à faire passer au président français et il a demandé expressément que Prouteau vienne le chercher en personne. « *C'était un clin d'œil de l'histoire, mais je n'étais pas tranquille lorsque je suis arrivé dans le bâtiment de la présidence. Lorsque je me suis retrouvé seul face à Siad Barre, il m'a tendu une enveloppe et il m'a dit : "Vous m'avez coûté cher". Puis je suis reparti.* » Le régime de Siad Barre s'effondrera quelques années plus tard et la Somalie sombrera dans le chaos. ■

Éditorial paru dans « Le Figaro » du 5 février 1976

Les innocents

Par Jean d'Ormesson

« R*endez-le moi !* » Le cri d'angoisse de la mère du petit Philippe Bertrand – 8 ans – enlevé il y a cinq jours à Troyes trouve un écho tragique à Djibouti, où sur les trente et un enfants entre 5 et 12 ans qui ont été pris comme otages par un commando prosomalien, une fillette de 5 ans a trouvé la mort.
Il faut clamer l'évidence : le rôle des militaires et des terroristes est – hélas – de se faire tuer. Mais le rôle des enfants n'est pas de se faire enlever au péril de leur vie. Il est de jouer en paix et d'ignorer les haines des hommes.
Voici que depuis plusieurs années déjà les rapts d'enfants se multiplient. Est-il crime plus atroce ? On peut discuter sur le degré de violence ou de civilisation de l'âge où nous vivons. Bien des périodes du passé ont été plus brutales. Mais les plus cruelles protégeaient les enfants, et le roi Hérode laisse un souvenir maudit parce qu'il a massacré les innocents.
La multiplication des attentats contre les enfants jette sur notre temps le jour le plus sinistre. Qu'une politique – quelle qu'elle soit – puisse être mêlée à de tels crimes suffit à condamner cette politique. Qu'on n'aille pas nous seriner je ne sais quelles pseudo-justifications. Aucun abus n'autorise de se venger sur des enfants. S'il ne reste pas quelque chose de sacré dans un enfant de cinq ou de huit ans, mieux vaut condamner en bloc un monde voué au désastre. De tout temps, les enfants ont pu être victimes des conflits entre les nations. Des bombes ont pu atteindre des écoles. Est-ce que nous défendons ces abominations ? Certes non. Mais qui ne voit avec évidence la différence entre de telles horreurs collectives et l'enlèvement délibéré d'enfants à des fins de chantage politique ou financier ? Toute tentative d'explication est d'avance insupportable.
La vérité est qu'il est déjà ignoble pour des bandits de s'attaquer à des enfants. Que des organisations politiques et militaires dans quelque dessein que ce soit, pour quelque motif que ce soit, aient pu adopter de pareilles méthodes qui les rejettent aussitôt au rang du pur et simple banditisme – et du plus répugnant – soulève – ou devrait soulever – l'indignation universelle.
Il n'est pas vrai que les responsables soient – selon une formule bien connue – la société ou le pouvoir qui provoqueraient, par contrecoup, de tels actes inexplicables. Les responsables, ce sont ceux qui choisissent délibérément de s'attaquer aux enfants, parce que les enfants sont sans défense et que personne ne peut envisager de sang-froid de les abandonner à leur sort. Peut-on imaginer calcul plus méprisable et plus bas ? Il faut bien le dire parce que c'est vrai : voilà le fruit des faiblesses d'hier, voilà le résultat obtenu par tous ceux qui ont joué à la belle âme devant la violence.
Plus encore que la violence, une des clés du monde moderne c'est le chantage. Abrité à la fois derrière l'hypocrisie et derrière le crime, le chantage étant un voile noir sur notre temps. Il faut lutter de toutes nos forces contre le chantage sous toutes ses formes. Aujourd'hui – comment hésiter un instant ? – l'essentiel était de tout faire pour sauver les enfants innocents. Demain, il faudra bien trouver un peu de courage moral, et peut-être physique, pour empêcher que d'autres innocents ne deviennent l'enjeu d'enchères qui de toute évidence ne cesseront de monter. La lâcheté se paie toujours.
Et de plus en plus cher au fur et à mesure que s'accumulent ses effets désastreux. Les larmes, si amères, si légitimes, des parents qui pleurent aujourd'hui doivent finir par nous faire comprendre que, dans ces domaines comme dans tous les autres, c'est la lâcheté qui se paie et c'est le courage qui paie.
La montée des périls et de la barbarie nous fait entrer, de gré ou de force, dans les temps du courage. ■

FORCES SPÉCIALES

LES ARCHIVES DU FIGARO

Depuis la création et le développement de ces unités au sein de l'armée française après la guerre du Golfe de 1992, les journalistes du « Figaro » ont suivi leur évolution. Voici quelques-uns de leurs articles de référence.

En octobre 2001, quelques semaines après les attentats du 11 septembre à New York, « Le Figaro » documentait la nouvelle approche stratégique des grandes armées du monde.

Par Arnaud de La Grange, Jean-Jacques Mevel, Jacques Duplouich, Jean-Paul Picaper, article paru dans «Le Figaro» du 4 avril 2001

Au cœur des guerres d'aujourd'hui

Elles n'ont longtemps été que des forces d'appoint, les voltigeurs de pointe des gros bataillons. La guerre du XXIe siècle pourrait être la leur. Les forces spéciales sont aujourd'hui au cœur des grandes manœuvres d'Asie centrale et des nouveaux concepts stratégiques.

En tête de cette nouvelle guerre de l'ombre, les Américains et les Britanniques sont au coude à coude. Logique. À l'origine, le concept de forces spéciales est anglo-saxon. Il est né durant la Seconde Guerre mondiale dans une chambre d'hôpital londonienne, dans le cerveau du capitaine David Stirling. Immobilisé par un accident de parachute, l'officier imagine de nouveaux modes d'action, avec des équipes de quatre ou cinq hommes, en rupture avec les commandos d'une cinquantaine de soldats en vigueur jusqu'alors. Ces équipes légères peuvent être parachutées, infiltrées par terre ou par mer loin derrière les lignes de l'ennemi, pour effectuer des missions de reconnaissance ou de sabotage. Les fameux SAS (Special Air Service) sont nés.

« Les Britanniques ont théorisé les actions spéciales et ont gardé une avance sur tout le monde dans le domaine, explique

un officier français. *Longtemps, les autres pays n'ont eu que des forces à capacité spéciale, plus que de vraies forces spéciales unifiées et intégrées.* » C'est vrai pour les États-Unis, qui ne créeront que dans les années 1980 leur Commandement des opérations spéciales. C'est vrai surtout pour les Français, pour qui le déclic se fait à l'occasion de la guerre du Golfe. L'année suivante, en 1992, ils créent le Commandement des opérations spéciales (COS).

« *Aujourd'hui, la Grande-Bretagne, les États-Unis et la France sont les trois pays au monde à disposer de vraies forces spéciales interarmées et structurées* », poursuit le même expert. Des troupes d'élite très utilisées ces dernières années dans les épisodes balkaniques. Les avantages qu'elles offrent sont multiples, sur le terrain militaire comme politique.

DIMENSION INTERARMÉES. Leur niveau d'entraînement et d'équipement rend les forces spéciales seules capables de remplir certaines missions. « *Avec leur dimension interarmées, ces équipes apportent un paquet complet de compétences, immédiatement projetables par air, terre ou mer.* » Des atouts précieux dans la guerre annoncée contre le terrorisme et ses réseaux militairement peu conventionnels et en grande partie déterritorialisés. Que ce soit en Afghanistan, en Somalie ou au Yémen, les forces spéciales seront les plus adaptées pour des opérations ponctuelles contre des objectifs précis mais mobiles.

Mais les forces spéciales sont aussi bien dans l'esprit du temps. « *Les armées se professionnalisent, les opinions publiques admettent de moins en moins les déploiements massifs de troupes pour une longue durée* », avance Pascal Le Pautremat, du Centre d'études d'histoire de la défense (CEHD), organisateur d'un colloque sur les forces spéciales en juin dernier.

Dans cette affaire, cependant, les forces spéciales jouent gros. Leurs faits d'armes n'ont pas toujours été à la mesure de leur légende. Les Américains, notamment, ont collectionné les bavures, de *Desert One,* le raid raté de la Delta Force pour aller libérer les otages américains de Téhéran en 1979, au fiasco de Mogadiscio en 1993, quand les Rangers ont perdu dix-huit hommes en tentant de capturer le chef de guerre Mohammed Farah Aidid. De nouveaux échecs, alors que les yeux du monde entier sont braqués sur elles, discréditeraient pour longtemps les unités de commandos. « *Autre écueil, le glissement vers des opérations trop obscures, comme l'assassinat de terroristes présumés aux quatre coins du globe*, commente un militaire français. *Les forces spéciales mènent des opérations hors normes mais toujours dans un cadre "légal", sous un étroit contrôle de l'autorité militaire et politique.* » En ce sens, elles tiennent à se démarquer des branches « action » des services de renseignement.

Les avantages qu'elles offrent sont multiples, sur le terrain militaire comme politique.

Par contre, en cas de succès, les forces spéciales pourraient rafler la mise… et les crédits militaires. « *Une réflexion était déjà en cours, tant aux États-Unis qu'en France, pour leur donner plus de poids et surtout renforcer leur intégration* », explique un ancien officier du COS. Même si le commandement est interarmes, les troupes restent en effet dépendantes des différentes armées, terre, air ou mer, et ne sont regroupées que pour les opérations. L'idée serait de créer une petite armée à part, déjà unifiée en une seule structure en temps de paix.

Avec un risque de dérive, celui de l'inflation non maîtrisée des effectifs. Plus ces forces seront nombreuses, moins elles seront spéciales… **A. L. G**

Les Special Forces américaines

RAMBO N'EST PAS connu comme un fou de littérature. Pourtant, c'est aux livres que les Special Forces doivent en partie leur succès. Les manuels de Mao et du Che sur la « *guerre révolutionnaire* », d'abord, dévorés par le président Kennedy à l'époque où il cherchait une parade américaine à la subversion communiste. Les romans de gare ensuite, que s'arrachent des armées de voyageurs en mal d'émotions fortes.

Entre la légende hollywoodienne et une réalité humaine bien plus étonnante, aucun métier ne souffre d'un pareil décalage. Le cliché a fait la fortune de Sylvester Stallone, d'Arnold Schwarzenegger et autres Chuck Norris. Vue basse et large carrure. Le stéréotype du Béret vert américain, moitié tueur, moitié brute épaisse, est aussi indestructible que le mythe du guérillero marxiste et romantique des années 1970. Les vrais soldats de l'ombre, dans les rares confidences qu'ils s'autorisent, laissent entrevoir un monde autrement compliqué.

Pour servir dans les forces spéciales, il faut bien sûr du muscle et de l'endurance. Il faut savoir gérer sa soif et communiquer en silence, du bout des doigts. Démonter la carabine M4A1 les yeux fermés. Sauter en parachute dans la nuit noire. Déplacer son propre poids, ou presque, en armes et en explosifs. Manier le poignard et tirer juste. Pour des hommes appelés à s'enfoncer très loin derrière les lignes ennemies, c'est le sine qua non de la survie.

Un ancien de l'école militaire de West Point, passé par l'action humanitaire en Afghanistan, décrit ce qui attend l'élite de l'armée américaine : « *Ce ne sera pas une guerre très propre*, avertit Richard Kidd, dans un e-mail très lu ces jours-ci entre Fort Bragg et Fort Campbell. *L'adversaire ne respectera pas la convention de Genève. Il ne fera pas de prisonniers, à moins qu'ils puissent être rançonnés ou immédiatement échangés. Il faut s'attendre à voir des prisonniers (américains) exécutés devant une caméra vidéo.* »

Entre la légende hollywoodienne et une réalité humaine bien plus étonnante, aucun métier ne souffre d'un pareil décalage.

PROFESSIONNELS TRANQUILLES. Pour entrer dans les Special Forces, mieux vaut vivre seul ou dans un couple à toute épreuve. Il faut être plus intelligent que la moyenne et parler couramment au moins une langue étrangère (le farsi et l'ourdou sont plus recherchés que le français). Il faut être psychologiquement assez fort pour supporter le combat au corps à corps et l'isolement en embuscade. Il faut aussi dix ans de métier, ce qui veut dire rempiler à un âge où beaucoup d'autres songent à quitter l'armée.

Ces « *professionnels tranquilles* », comme ils s'appellent entre eux, fuient le public, à la différence de la Delta Force du cinéma. Certes, ils ont des fusils plus précis, des lunettes de vision nocturne plus perçantes et des hélicoptères autrement plus discrets que le commun de l'infanterie américaine. Mais ils se méfient des excès de la technologie.

« *Quand toute cette quincaillerie tombe en panne, il faut savoir se débrouiller seul,* confiait il y a quelques années un capitaine des Special Forces, officier de liaison sur un front du tiers-monde. *Et là, les Arabes sont plus forts que nous. Ils utilisent des constellations dont les commandos américains n'ont jamais entendu parler. Ils sont capables de s'orienter sans repères. En détaillant les étoiles avec eux, j'en apprends toutes les nuits...* » Autour du thé, le soir, le même homme bavardait en arabe. Ou se plongeait tranquillement dans les *Voyages* d'Ibn Battùta, la nuque posée sur son sac à dos.

Au Vietnam, en Iran, en Somalie, les commandos américains ont beaucoup perdu, parce qu'ils ont beaucoup risqué. Ce ne sont pas des anges. Mais ce ne sont pas des imbéciles non plus. Richard Armitage, bras droit de Colin Powell et actuel numéro deux du département d'État, est un ancien des SEALs, les redoutables commandos d'hommes-grenouilles de la marine américaine. Le général Hugh Shelton, qui vient de prendre sa retraite de chef d'état-major interarmes, est lui-même un ancien des Special Forces.

Parfois, un passé sanglant rattrape les anciens guerriers de l'ombre. Ainsi le sénateur Bob Kerrey, démocrate, brillant et plutôt libéral, dont les ambitions présidentielles ont été ruinées l'an dernier : en 1969, lors d'une opération clandestine dans le delta du Mékong, les hommes du jeune officier Kerrey avaient liquidé vingt et un civils nord-vietnamiens. Ces villageois avaient eu le tort, semble-t-il, de compromettre la mission.

Grâce à Oussama Ben Laden, les forces spéciales américaines vont peut-être enfin trouver le beau rôle, quarante ans après que le président Kennedy en a fait les sentinelles de la démocratie, ou de l'anticommunisme. Leur entrée en scène en Afghanistan marque l'enterrement de la doctrine américaine dite de la « *force écrasante* » (*overwhelming force*), appliquée avec succès contre l'Irak, avec des blindés. Puis contre la Yougoslavie, grâce à l'aviation.

« Quand toute cette quincaillerie tombe en panne, il faut savoir se débrouiller seul. »

COMBAT RAPPROCHÉ. Dans un décor à couper le souffle, la première guerre du XXIe siècle se jouera sans doute à pied, en combat rapproché, entre unités légères. Le détachement opérationnel Alpha (ODA), cellule de base des forces spéciales américaines, compte douze hommes, sous la conduite d'un capitaine. Elle peut se scinder en deux équipes identiques et autonomes, avec chacune son chef et ses cinq experts (renseignement, armement, génie, secourisme et transmission).

Quelque 45 000 militaires répondent au Commandement des opérations spéciales (Socom) du général Peter Schoomaker, installé sur la base aérienne MacDill, en Floride. À l'exception des marines, qui sont par eux-mêmes des troupes de choc, ils appartiennent aux trois armes : les unités Sea-Air-Land de la marine (SEALs), les groupes tactiques de l'armée de l'air (AFSOC), ainsi que les Rangers et les Special Forces de l'armée de terre.

Aux États-Unis, ces dernières sont de loin les plus nombreuses : quelque 7 000 combattants d'active répartis entre sept groupements de la taille d'une brigade d'infanterie (1 383 hommes). Chacun de ces groupements a une zone géographique privilégiée. Le premier à être envoyé à proximité ou à l'intérieur de l'Afghanistan devrait être le 5th Special Forces Group, basé à Fort Campbell, dans le Kentucky. En charge de l'Afrique, du Proche-Orient et de l'Asie centrale, c'est aussi sûrement le plus endurci. **J.-J. M.** »

Les SAS britanniques

» LE FER DE LANCE de la force d'intervention britannique, le groupe d'élite des SAS (Special Air Service), a été fondé il y a tout juste soixante ans par David Stirling, un officier écossais. En 1941, la mission de ces commandos, triés sur le volet, consistait à s'infiltrer derrière les lignes allemandes pour « *désorganiser* » l'action des forces de l'Axe, en Afrique.

La vocation de ces soldats, tous volontaires, n'a pas fondamentalement changé. Leur objectif, une fois déployés par petites structures de quatre à huit hommes dans le camp ennemi, est toujours d'entraver, d'une manière ou d'une autre, l'activité militaire adverse. À sa capacité de pénétration furtive et d'opération autonome au sein du dispositif de l'adversaire, l'unité a ajouté une compétence supplémentaire : la lutte contre le terrorisme.

Aujourd'hui, le 22nd SAS Regiment est toujours ceint d'un halo de mystère. Le ministère de la Défense refuse d'évoquer le moindre aspect de son existence. Il comprend quatre escadrons de cinquante soldats, ou Sabres. Un escadron est, en permanence, mobilisé en Grande-Bretagne même, prêt à intervenir dans des opérations de contre-terrorisme, comme ce fut le cas, en 1981, lors de la prise d'otages, à l'ambassade d'Iran, à Londres, parrainée par les services irakiens. Un autre escadron demeure en état d'alerte. La capacité de déploiement de ces soldats surentraînés, surarmés et très motivés est limitée à une centaine d'hommes. Largués sur le terrain, les commandos SAS sont capables d'atteindre leurs objectifs en se fondant dans la nature. Durant la guerre du Golfe, les unités déployées loin derrière les lignes irakiennes, avaient pu opérer sept semaines durant, dans les pires conditions.

TÊTES CHERCHEUSES. En Afghanistan, déployés par petites unités pour éviter d'être repérés, ils sont équipés de moyens de communication sophistiqués. Ils doivent constituer les têtes chercheuses du renseignement pour permettre à l'aviation d'identifier les cibles à frapper. Au besoin, ils pourront orienter précisément les bombes à guidage laser vers leurs objectifs. Ils sont en mesure, aussi, d'élaborer des attaques surprises contre des sites militaires spécifiques ou de procéder à la capture de chefs ennemis, Oussama Ben Laden en tête. Parce que leurs missions sont dangereuses sinon aléatoires, les hommes du SAS ont le privilège – ils sont les seuls dans l'armée britannique – de pouvoir choisir leur équipement. Dans le « *barda* » 2001, les experts de défense croient savoir qu'ils disposent, entre autres, d'un atout particulièrement redoutable, le Personal Defence Weapon (PDW) d'Heckler & Koch. Une arme dite « trois en un » parce qu'elle combine à la fois le pouvoir de feu d'une mitraillette capable de libérer 950 balles à la minute, la puissance d'un fusil d'assaut de moyenne portée et la maniabilité d'un pistolet. Les balles utilisées transpercent des gilets de protection individuelle comprenant jusqu'à vingt feuilles de Kevlar. Ils sont équipés du lance-missile antichar Milan et du fusil de précision Barrett d'une portée de 2,5 km. Ils peuvent aussi utiliser le High Mobility Truck (HMT), un nouveau type de véhicule tout-terrain. Le HMT peut emporter trois tonnes de matériels, équipements de communication par satellite et pièces de rechange. D'une rapidité de 120 km/h, avec une trajectoire proche du sol pour échapper aux radars, ce véhicule a été mis au point grâce aux leçons de la participation des SAS à la guerre du Golfe.

Au côté des SAS, sans confirmation du ministère de la Défense cependant, mais sans démenti non plus, figure, en principe, l'un des deux commandos de cinquante hommes chacun du Special Boat Service (SBS). SAS et SBS ont l'habitude de coopérer dans les missions les plus délicates dans un environnement hostile. L'Afghanistan est un terrain familier à ces deux corps d'élite. Durant les années 1980, en effet, ils ont entraîné les moudjahidines contre l'armée soviétique. À ces cent cinquante hommes, s'ajoutent les quarante « *pionniers* » du Parachute Regiment's Pathfinders, spécialisés dans la reconnaissance avancée. Récemment encore, ils opéraient en Macédoine. **J. D.**

Le COS français

LES FORCES SPÉCIALES françaises ont grandi outre-Manche. Durant la Seconde Guerre mondiale, des Français servent au sein des Bérets verts britanniques. Sur ces bases, le lieutenant de vaisseau Kieffer va créer le premier commando marine français.

Depuis, les forces spéciales françaises ont fait du chemin. La guerre du Golfe de 1991 les y a aidées. Impressionnés par les dispositifs américain et britannique, les militaires français ont créé l'année suivante le COS (Commandement des opérations spéciales), pour fédérer les unités spéciales des trois armées. Aujourd'hui, l'armée de terre fournit le 1er RPIMa (régiment parachutiste d'infanterie de marine) et un détachement spécial d'hélicoptères. La composante navale est formée des commandos marine, dont un est constitué de nageurs de combat. L'armée de l'air offre le commando parachutiste de l'air n°10.

Au total, les forces spéciales françaises alignent entre 1 000 et 1 500 hommes, chiffre qui peut paraître dérisoire à l'aune des 45 000 Special Forces annoncés par les Américains. « *Les Britanniques ont à peu près les mêmes effectifs que nous,* relativise un ancien officier du COS, *en fait, c'est une question de définition : les Américains englobent dans ces forces spéciales des troupes que nous qualifierions seulement d'élite. Leurs commandos vraiment spécialisés, la Delta Force, sont eux aussi entre 1 000 et 1 500.* »

Curieusement, le COS ne chapeaute pas certaines unités spéciales, comme le 13e RDP (régiment de dragons parachutistes). La DRM (direction du Renseignement militaire) veille jalousement sur ce régiment spécialisé dans la recherche du renseignement. « *Il y a des résistances de chapelles, chaque armée voulant garder le contrôle sur ses troupes,* explique le même officier. *Pour plus d'efficacité, il faudra pourtant arriver à une intégration totale de ces forces, complètement indépendantes des armées de terre, mer ou air.* »

La nouvelle campagne antiterroriste y aidera peut-être. Mais on ignore encore si des Français y participeront. Certains d'entre eux connaissent pourtant le terrain, pour avoir entraîné la résistance afghane contre les Soviétiques. **A. L. G.**

Les KSK allemands

L'IDÉE germa en 1994, quand des parachutistes belges durent évacuer du Rwanda des civils allemands, dont des collaborateurs de la station de la Voix de l'Allemagne à Kigali. La Bundeswehr ne disposait pas encore de commandos.

Le 1er avril 1997 fut créé, avec trente hommes, le premier Kommando Spezialkräfte (Commando forces spéciales) ou KSK. Il comporte aujourd'hui plus de sept cents soldats. Ses tâches vont de la récupération de pilotes abattus à la libération d'otages et à la lutte antiterroriste, réservée jusqu'alors aux policiers. Ces soldats invisibles servent aussi d'éclaireurs, évacuent les personnes en danger et protègent des objectifs militaires. Répartis en compagnies de quatre-vingts hommes, les KSK sont équipés des derniers gadgets technologiques, des instruments de vision nocturne et infrarouge à la navigation en numérique par satellite.

S'ils ont la vocation et s'ils ont moins de 30 ans pour les officiers et moins de 28 ans pour les sous-officiers, les engagés des trois forces peuvent demander leur affectation aux KSK. Ils sont soumis « *à des épreuves de survie et de pénétration dans des conditions extrêmes* ». Un tiers des candidats réussit ces épreuves.

Suivent trois ans de formation avec des stages à l'étranger et sous divers climats. Ils ont assuré des missions en Yougoslavie. Diverses arrestations de criminels de guerre leur ont valu l'estime des alliés. Récemment, leur chef, le général Reinhard Günzel, déclarait qu'il était impossible de capturer Ben Laden. Il s'est fait rappeler à l'ordre. **J.-P. P.** ■

En Afghanistan face aux talibans

LES ARCHIVES DU FIGARO

En 2006, le reporter du « Figaro » avait rencontré les commandos chargés de lutter contre les « étudiants en religion » aux confins du Pakistan.

Par Adrien Jaulmes, article paru dans «Le Figaro» du 28 juin 2006

Juste avant Spin Boldak, une mauvaise piste quitte la route goudronnée qui mène à la frontière pakistanaise. Elle s'enfonce vers un horizon uniformément beige, avec des pitons rocheux qui se distinguent à peine dans le lointain. Elle longe les longs remparts de pisé des maisons traditionnelles pachtounes, société de clans et de vendettas où chaque famille bâtit sa propre forteresse. Et s'arrête enfin à l'entrée d'un fortin perdu dans ce désert des Tartares.

Derrière une chicane de merlons pliants remplis de terre et un périmètre de barbelés, on distingue des drapeaux qui claquent dans les bourrasques de poussière. À côté de l'emblème national afghan et du drapeau américain flotte un drapeau français. Un peu plus loin, un drapeau folklorique breton *Gwenn-ha-Du,* sans doute hissé là par des commandos marine nostalgiques de Lorient. Cette ancienne caserne de l'armée afghane où trône la carcasse d'un char Renault de 1917, sans doute livré à l'Afghanistan entre les deux guerres mondiales, est depuis l'été 2003 la base des forces spéciales françaises en Afghanistan.

La piste s'arrête là. On ne va pas plus loin. Barbus, mais l'air plutôt détendus, seulement armés d'un pistolet sur leur uniforme au camouflage beige, un sous-officier et un capitaine refusent tout accès à ce cantonnement.

UN SUD INCERTAIN. Fort d'environ 200 hommes, le détachement dépend directement du commandement américain des opérations spéciales, basé à Bagram, au nord de Kaboul. Et opère discrètement dans un désert sorti de Kipling depuis trois ans, dans un secteur que le retour en force des talibans depuis quelques mois a rendu encore plus sensible. Dans ce terrain hostile, l'attente et les patrouilles sont interminables et monotones, mais les accrochages parfois violents, et les embuscades meurtrières. Depuis le début de l'année, les Français ont perdu trois des leurs dans des affrontements contre les talibans.

Soulevant un nuage de poussière, deux véhicules militaires français sortent du camp pour un départ en patrouille. Un camion et une Jeep, qui disparaissent presque sous les filets de camouflage et les plaques de désensablage s'arrêtent face au désert. Coiffés de chapeaux, lunettes de soleil et chèches, les commandos français approvisionnent leurs armes. Puis les véhicules partent en cahotant vers un sud incertain qui disparaît dans la poussière. Là-bas s'étend l'immense frontière afghano-pakistanaise. Pour les tribus pachtounes Achakzai, Nourzai et Alikozai, qui vivent de part et d'autre, cette ligne tracée au milieu de nulle part par les Britanniques à la fin du XIXe siècle n'a jamais rien signifié. Pachtounes afghans et pakistanais traversent quotidiennement la frontière dans les deux sens. On va de Kandahar à Quetta pour y voir de la famille ou s'y faire soigner. Dans l'autre sens, parfois pour se battre.

À une centaine de kilomètres plus au sud, la ville pakistanaise de Quetta est elle aussi peuplée en majorité de Pachtounes. Après avoir servi de vivier de recrutement aux talibans en 1994, cette ville encore entourée de camps de réfugiés afghans est redevenue depuis la dispersion des étudiants en religion en 2001 le grand centre de regroupement des insurgés.

Le passage du Pakistan vers l'Afghanistan des talibans par cette frontière poreuse est quasiment impossible à enrayer. Seules les bandes les plus importantes peuvent être repérées et poursuivies. Les difficultés du contrôle commencent dès la grand-route. « *Les talibans peuvent même passer par ici en plein jour* », dit Hamidullah, le chef adjoint de la douane afghane de Spin Boldak. « *Il n'y a pas de contrôle d'identité pour les Afghans. Pour eux la frontière n'existe pas* », explique-t-il en désignant l'invraisemblable chaos de camions et voitures qui entrent et sortent du Pakistan. La tâche de la douane est rendue encore plus complexe puisque c'est un commandant local afghan, Abdul Razziq, qui continue de percevoir de lucratives commissions en taxant les marchandises transitant par Spin Boldak, et s'occupe du « *contrôle* ». « *Ce n'est pas normal,* dit le douanier, *mais rien n'est vraiment normal ici…* »

Le passage du Pakistan vers l'Afghanistan des talibans par cette frontière poreuse est quasiment impossible à enrayer.

LUTTE DISCRÈTE. Les délicates relations entre le Pakistan et l'Afghanistan viennent encore compliquer le contrôle de la frontière. Depuis le refus afghan de reconnaître le tracé anglais lors de l'indépendance du Pakistan en 1947, les deux pays se livrent à une lutte discrète le long de cette immense frontière.

À Spin Boldak, profitant de la chute des talibans en 2001, le Pakistan a avancé de plus d'un demi-kilomètre son poste frontière. Mais pour les talibans, qui ont repris la route de Kandahar, la voie reste grande ouverte. ■

Immédiatement avant le départ de l'opération « Serval » au Mali, la chroniqueuse défense du « Figaro » décrivait l'importance cruciale prise par les forces spéciales vingt ans après leur création.

Par Isabelle Lasserre, article paru dans «Le Figaro» du 12 novembre 2012

Dans le secret des commandos français

Leur devise tient en deux mots : « Faire autrement ». Qu'il s'agisse des nageurs de combat des commandos marine, des spécialistes de l'extraction du renseignement du 13ᵉ RDP, le régiment des dragons parachutistes, ou des hommes du 1er RPIMa, professionnels de l'infiltration en zone hostile, les forces spéciales françaises ont toujours fait rêver le grand public. « *Je sais que c'est un fantasme couramment répandu, mais ici vous ne trouverez pas de gadgets* », prévient un officier de l'état-major du COS (Commandement des opérations spéciales), qui a installé ses bureaux sur la base aérienne de Villacoublay. Sur les murs du centre opérations, seules des cartes géantes de l'Afghanistan et du Pakistan rappellent le rôle joué par les forces spéciales françaises dans les endroits les plus chauds de la planète. Elles fêtent cette année leurs vingt ans et, une fois n'est pas coutume, entrouvrent leurs portes pour l'occasion.

L'histoire des forces spéciales françaises prend racine après la première guerre du Golfe, à laquelle les armées françaises avaient été incapables de fournir, contrairement à leurs alliées américaines et britanniques, des commandos dignes de ce nom. En 1992, le COS a été créé pour effacer une faiblesse indigne d'une puissance mondiale. Depuis, cette lacune a largement été comblée. De l'action directe au renseignement en passant par la formation et le soutien à l'action conventionnelle, les forces spéciales françaises se glissent dans les interstices des actions conventionnelles, préparent le terrain aux armées classiques, se faufilent avec courage là où les autres ne peuvent pas agir. Discrètes mais pas clandestines, parfois « barbouillées » (camouflées), elles mènent sur tous les continents des opérations coup de poing qui peuvent à elles seules changer le cours de la guerre. De l'arrestation des criminels de guerre serbes en Bosnie au conseil des rebelles libyens, de la traque des insurgés d'al-Qaida en Afghanistan à l'arrestation de Laurent Gbagbo en Côte d'Ivoire, en passant par le Tchad, la Corne de l'Afrique truffée de pirates ou le Rwanda, les forces spéciales sont de tous les combats, de toutes les guerres qui font l'histoire.

En vingt ans, elles se sont hissées, derrière les États-Unis et aux côtés de la Grande-Bretagne, dans le club très fermé des trois pays mondialement réputés pour la qualité de leurs combattants. Certes, les 3 000 forces spéciales françaises – « *moins que les employés municipaux d'une ville comme Montpellier* », rappelle souvent le chef d'état-major français – ne pèsent pas lourd face aux 66 000 membres des Special Forces américaines. Mais grâce à leurs qualités – souplesse, réactivité, discrétion, rapidité –, elles frappent comme la foudre, agissent tel un laser sur leurs cibles et apportent une plus-value inestimable à l'action militaire. Dans les armées, on les considère comme la « pointe du diamant ».

« Grâce à l'audace de leurs actions, elles permettent souvent de prendre l'avantage dans des conflits et de porter des coups décisifs imprévus. »

« *Sans forces spéciales, vaincre est impossible. Grâce à l'audace de leurs actions, elles permettent souvent de prendre l'avantage dans des conflits et de porter des coups décisifs ou imprévus* », explique Jean-Yves Le Drian, le ministre de la Défense.

Ce joyau français, qui puise en fonction de ses besoins dans le vivier des trois armées pour exister, est devenu un outil stratégique de plus en plus sollicité. Expression de la souveraineté nationale, il est aussi investi d'un rôle politique. Lorsque Jacques Chirac, convaincu par le chef d'état-major de l'époque, le général Henri Bentégeat, décide d'envoyer 200 forces spéciales à Kandahar, aux côtés des Américains, il obtient un impact bien supérieur à celui qu'aurait eu un bataillon entier en Afghanistan. Mais il offre aussi à la France un succès diplomatique. « *En 2003, les liens militaires entre les États-Unis et la France avaient été gelés par le désaccord sur l'Irak. L'envoi des forces spéciales françaises en Afghanistan a permis de restaurer la confiance entre les deux pays* », explique le général Bentégeat, à l'occasion d'une journée consacrée aux vingt ans du COS à l'École militaire.

Aujourd'hui, alors que le retrait d'Irak et d'Afghanistan signale théoriquement, pour les armées occidentales qui ne veulent plus se mettre en première ligne, la fin des longues guerres et des présences militaires au sol qui s'éternisent, au profit d'engagements plus légers et plus courts, les forces spéciales seraient devenues l'outil idéal, capables de répondre aux surprises stratégiques et aux guerres contemporaines. Le tout avec un rapport coût/efficacité particulièrement intéressant en période de restriction budgétaire.

DE TRIPOLI À ABIDJAN. Si Clausewitz considérait qu'il fallait, pour gagner la guerre, obtenir la destruction de l'adversaire, les conflits modernes exigent des armées qu'elles aillent chercher les centres de gravité de l'adversaire pour le déstabiliser. « *La réduction du format des armées n'est pas seulement due aux problèmes budgétaires. Elle est aussi liée au fait que l'avantage, aujourd'hui, réside dans les petits formats* », explique François Heisbourg, spécialiste de la Fondation pour la recherche stratégique. Les évolutions stratégiques récentes impliquent en effet que les armées, pour prendre l'avantage, soient capables de mettre ▸▸

en œuvre des moyens rapides et adaptables. La taille, le mode d'action, l'équipement des forces spéciales, leur aptitude à recueillir du renseignement, de même que leur caractère réversible, sur simple décision du chef politique, correspondent parfaitement aux besoins d'aujourd'hui. Elles offrent au pouvoir un moyen de s'engager ponctuellement dans des conflits dont les préavis d'intervention, comme en Libye ou en Côte d'Ivoire, peuvent être extrêmement courts. L'opération franco-britannique menée en Libye a d'ailleurs été érigée par beaucoup comme un modèle d'intervention pour l'avenir. En quelques mois, les forces spéciales ont accompli leur mission sans déplorer de morts ni de blessés. *« Le job a été fait, il n'a pas coûté cher et on a pu partir très vite. C'est l'idéal »*, commente un officier. Dans une société où les pertes militaires sont de moins en moins acceptées, la discrétion avec laquelle agissent les forces spéciales est un autre avantage. Bref, on l'aura compris, les forces spéciales semblent taillées sur mesure pour agir dans les guerres modernes.

« Le tout-forces spéciales est un leurre et un leurre dangereux. »

D'où la tentation que pourrait avoir le pouvoir politique, qui a demandé une révision du livre blanc de la défense, de leur donner une plus grande importance, au détriment, peut-être, des forces conventionnelles. Le nouveau document stratégique de la France accordera *« un rôle clé »* aux forces spéciales, a confirmé Jean-Yves Le Drian, le ministre de la Défense. Mais cette évolution est loin de faire l'unanimité dans les armées. *« Le tout-forces spéciales est un leurre, et un leurre dangereux »*, prévient le général Hervé Charpentier, gouverneur militaire de Paris. Sans forces armées dans lesquelles piocher, se former et s'équiper, pas de forces spéciales, préviennent les chefs militaires. Sans cohérence militaire d'ensemble, pas d'opérations commando efficaces. *« Sans les autres, je ne suis rien »*, résume le général Gomart, le patron du COS.

OPÉRATIONS COUP DE POING. Le Sahel, où se prépare discrètement dans les états-majors la prochaine guerre de la France, contre les djihadistes d'Aqmi, en est un parfait exemple. *« Nous pourrons mener des opérations coup de poing contre Aqmi. Mais les forces spéciales ne peuvent pas tenir le terrain. On ne pourra pas rester derrière, il faudra une solution politique et un relais conventionnel des armées africaines »*, prévient un officier. En Afghanistan, les forces spéciales, qui ont représenté jusqu'à 10 % des troupes de la coalition, ont eu *« un impact considérable »*. *« Mais pour pouvoir changer la donne, il faut agir sur le long terme. Les forces spéciales ne peuvent pas se substituer aux forces conventionnelles »*, prévient le général Olivier de Bavinchove, le chef d'état-major de l'Isaf, la force internationale en Afghanistan. Quant à l'avenir de la guerre, nul ne peut le prévoir. Les stratèges assurent que les conflits futurs seront asymétriques et donc grands consommateurs de forces spéciales. Mais, comme le rappelle l'amiral Édouard Guillaud, chef d'état-major des armées françaises, *« la guerre réelle n'est jamais la guerre rêvée »* et *« les solutions d'un jour ne valent pas pour le lendemain »*. Attention, donc, aux *« renoncements précipités ! Pour continuer à peser sur la scène internationale,* poursuit-il, *la France a besoin de la palette militaire complète. »*

La crise économique n'est pas le seul danger qui menace les forces spéciales. L'autre porte un nom abrupt à prononcer : la « judiciarisation ». C'est-à-dire la soumission progressive de la société militaire au droit, qui affecte l'efficacité et les actions des forces spéciales. Comme le rappelle leur patron, le général Gomart : *« Notre liberté d'action est fondamentale. Au sein des forces spéciales, la prise de risque est indispensable. Elle apparaît peu compatible avec l'évolution du droit. Nous appelons de nos vœux une prise en compte de ces réalités au niveau juridique. »* Sur ce sujet, le chef d'état-major, l'amiral Guillaud, aime citer de Gaulle : *« Dans les forces spéciales,* disait-il, *il n'y a qu'une seule doctrine qui vaille, celle que dictent les circonstances. »* ■

Des entraînements très spéciaux

En 2015, « Le Figaro Magazine » publiait un reportage exclusif sur l'entraînement rigoureux des commandos de l'armée de terre française.

Par Cyril Hofstein, article paru dans « Le Figaro Magazine » du 23 décembre 2015

En silence, les hommes du groupe Delta d'une des quatre compagnies SAS (Special Air Service, unité héritière des forces spéciales britanniques de la Seconde Guerre mondiale) du 1er régiment de parachutistes d'infanterie de marine (1er RPIMa) progressent lentement à travers l'épaisse zone forestière qui les conduit vers l'intérieur des terres. Le jour se lève. Le visage masqué, le torse protégé par un gilet pare-balles et leur fusil d'assaut HK416 pointé, ils couvrent toutes les directions. Rien n'est laissé au hasard et chacun sait exactement ce qu'il doit faire. L'hélicoptère Cougar rénové qui les a déposés au sol depuis des cordes lisses est parti depuis de longues minutes. Ils sont parfaitement renseignés et connaissent avec précision leur objectif. Depuis plusieurs jours, des « opérateurs » d'un des sept escadrons du 13e régiment de dragons parachutistes, unité d'élite spécialisée dans le renseignement, se sont infiltrés après avoir été parachutés à très grande hauteur pour recueillir le maximum d'informations concernant leur mission. Après avoir camouflé leur parachute et rassemblé leur maté- ››

» riel, ils se sont fondus dans le paysage puis ont transmis les données recueillies.

Dans le vent violent qui souffle depuis le littoral, les branches des pins oscillent dangereusement. De nombreux arbres sont tombés, et les trombes d'eau qui se sont abattues cette nuit ont transformé le terrain en un vaste marécage. Presque toutes les routes sont coupées et plusieurs rivières sont sorties de leur lit. Aucun véhicule ne peut circuler pour l'instant. Tout le territoire est isolé. Un chaos naturel utilisé comme un atout par les Delta. D'un geste du bras, « Masse », le chef de groupe, arrête ses hommes. Officiellement, ils n'ont ni visage ni nom, seulement un pseudo inspiré le plus souvent par la première lettre de leur patronyme. La très grande majorité des commandos de la brigade des forces spéciales terre (BFST) ont déjà participé à des opérations de combat et la plupart d'entre eux ont vécu l'expérience du feu à de nombreuses reprises. Tous se connaissent et la plupart travaillent et vivent à proximité les uns des autres depuis des années. L'esprit d'équipe est leur vertu et les nouveaux venus doivent très vite s'adapter à cette dynamique de groupe si particulière.

À environ 150 mètres apparaissent les bâtiments où les ravisseurs présumés de deux otages français sont censés s'être retranchés. Très vite, le stick avance en pointe, chacun protégeant celui qui le précède. Deux commandos restent en arrière pour sécuriser la zone. Puis décrochent et se repositionnent un peu plus loin. Normalement, l'opération aurait dû avoir lieu de nuit, l'une des spécialités de ces experts en combat nocturne, propice au bon déroulement des opérations de libération d'otage. Mais le temps presse. Aux portes de ce qui ressemble à un village abandonné, les soldats s'accroupissent, s'alignent les uns derrière les autres puis se relèvent avant d'entrer ensemble par l'une des ouvertures de la maison principale. Leur avancée muette ressemble à un ballet. Les gestes sont étudiés et rapides. Dans leurs mains, le fusil d'assaut ou le pistolet automatique sont comme un prolongement du corps. Tout est étonnamment fluide, presque aérien. Mais les regards sont durs et la concentration extrême.

UN ESPACE CONFINÉ. À l'intérieur, les binômes se rejoignent et, dans les faisceaux des systèmes de visée laser fixés sur leurs armes, les murs gris se couvrent de points rouges vacillants. « *Clair !* », annonce calmement un opérateur. Les trois premières pièces sont vides et sécurisées. Pour l'instant, l'opération se déroule à la perfection. Le sol est d'une saleté repoussante et jonché de débris divers. Devant l'étroit couloir qui se dessine dans l'ombre face à eux, un matelas crevé n'en finit plus de cracher son rembourrage moisi. Un espace confiné idéal pour être piégé…

Dans le faisceau des systèmes de visée laser fixés sur leurs armes, les murs gris se couvrent de points rouges vacillants.

Un à un, les soldats sortent des maisons de l'ancien village de vacances abandonné qui leur sert de camp d'entraînement.

L'homme de tête décide de ne prendre aucun risque et de lancer une grenade assourdissante. Mais il n'a pas suffisamment inspecté un minuscule réduit sur sa gauche. L'effet est immédiat. Des tirs crépitent. « *Contact ! Contact !* » Les forces spéciales sont prises sous le feu et répliquent. Puis le silence revient. Mais l'élan semble brisé.

RAPIDITÉ ET SENS TACTIQUE. « *Fin de l'exercice. On s'arrête,* lance Masse. *Pourquoi personne n'a sécurisé le petit espace à gauche avant le couloir ? C'était pourtant bien vu jusqu'ici. Le scénario était parfaitement exécuté. On reprend à zéro depuis l'extérieur.* » Le ton du chef de groupe est posé, décontracté mais ferme. Il rappelle plus celui d'un entraîneur d'une équipe olympique que celui d'un militaire. Qu'ils fassent partie de la BFST, d'un des sept commandos de la Marine nationale, ou du commando parachutiste de l'air n° 10 (CPA 10), les membres des forces spéciales de l'armée française évoluent dans un univers particulier. Chaque unité est à part, mais toutes travaillent ensemble avec des modes opératoires différents. Sur le terrain, la prise de risque est la même, tout comme leurs effectifs, réduits et très mobiles. Discrets, réactifs, autonomes, ils doivent aussi être capables d'utiliser le maximum de force de frappe avec le minimum d'« *empreintes au sol* » avant de repartir aussi vite qu'ils étaient venus. Un à un, les soldats sortent des maisons de l'ancien village de vacances abandonné qui sert de camp d'entraînement et se dirigent à nouveau vers la forêt. Il fait chaud et l'équipement pèse lourd. Ils sont un peu dépités d'avoir commis une erreur, mais ils savent que cela aurait pu leur coûter très cher dans le cadre d'une opération réelle. Après une minute de repos, ils reprennent position et recommencent pour la troisième fois la même manœuvre complexe. À l'intérieur, les paras qui servent de « *plastron* » et jouent les terroristes ou les otages sont en position. Cette fois, ils vont se donner à fond. Avec l'ensemble des composantes de la BFST : le 1er RPIMa, le 13e RDP, le 4e régiment d'hélicoptères des forces spéciales (4e RHFS) et l'état-major de la brigade, renforcé de sa compagnie de commandement et de transmissions, tous ont participé à l'exercice « Gorgones 2015 » organisé, du 29 septembre au 16 octobre dernier, autour de la base aérienne 126 de Solenzara, en Corse. Cette année, plusieurs unités de forces spéciales étrangères européennes et extracommunautaires ont aussi été invitées à cet entraînement majeur. Certains « *étrangers* » ont déjà travaillé avec les Français sur le terrain, d'autres se découvrent et partagent leur « retex », le retour d'expérience cher aux militaires, qui permet d'améliorer sans cesse les procédures d'intervention et de s'adapter encore et encore aux réalités du combat. « *Ici, dans le cadre de "Gorgones", les équipes intègrent à la fois des hommes chevronnés et des nouveaux,* explique « Killian », un capitaine de la 3e compagnie SAS. *Tout doit être répété et revu. C'est la base du drill. Les opérations que nous sommes amenés à exécuter sont difficiles, exigeantes et à haut risque. Nous ne pouvons pas nous permettre d'être approximatifs ou seulement moyens. Nous devons être constamment au meilleur de nous-mêmes. L'action des forces spéciales repose sur la rapidité, l'expertise, le sens tactique, le savoir-faire, l'expérience, l'analyse et la bonne gestion des initiatives collectives et individuelles. Ici, dans ce contexte à la fois urbain et ouvert, naturel et habité, proche parfois des milieux désertiques et médi-* »»

terranéens, nous pouvons simuler la plupart des situations opérationnelles que nous rencontrons dans nos missions. C'est une vraie chance. » Dans moins d'une heure, son groupe issu des PATSAS (patrouille SAS) participera à d'autres actions en commun avec des membres des forces spéciales de deux pays anglophones. L'occasion pour ces derniers de s'initier à la conduite plutôt sportive des véhicules de patrouille spéciale (VPS) français, des 4x4 tout-terrain développés par Panhard sur des châssis Mercedes-Benz, très bien armés et qui se sont révélés particulièrement efficaces dans la zone sahélienne.

Au même moment, en plein maquis, un autre groupe du 1er RPIMa vient de descendre en rappel depuis un hélicoptère Caracal. Très vite, les hommes prennent position de part et d'autre de la *drop zone* et sécurisent le périmètre. Puis l'appareil repart et, dans l'épaisse poussière soulevée par les rotors, leurs silhouettes s'estompent. Quelques minutes plus tard, le Caracal réapparaît et récupère le stick, avant de recommencer la même manœuvre plusieurs fois, de jour comme de nuit, un *gunner* (mitrailleur faisant partie de l'équipage) prêt à faire feu depuis la portière avec une mitrailleuse MAG 58 et équipé, si besoin, de lunettes de vision nocturne. « *Les équipages des hélicoptères du 4e RHFS, qui assurent la dimension aérocombat de la brigade, se posent et volent jusqu'à l'extrême limite des possibilités techniques des appareils et des impératifs opérationnels des forces spéciales* », explique « Pollux », un des pilotes de cette unité équipée d'hélicoptères Tigre, Puma, Cougar, Caracal et Gazelle, qui rassemble l'élite de l'Aviation légère de l'armée de terre (ALAT).

« Nous ne pouvons pas nous permettre d'être approximatifs ou seulement moyens. Nous devons être au meilleur de nous-mêmes. »

PLUSIEURS PRÉCÉDENTS. Sur la piste de la base de Solenzara, un C-130 Hercules, de l'escadron de transport 3/61 Poitou de l'armée de l'air mais dédié aux opérations spéciales, vient de se poser. Dans quelques minutes, il va embarquer deux VPS des PATSAS du 1er RPIMa lancés à pleine vitesse sur la piste et en pleine phase de décollage. À l'intérieur du C-130, l'équipage se tient prêt. Le roulage commence et le commandant de bord met progressivement les gaz. Le premier VPS monte à bord, suivi du second tandis que l'appareil quitte le sol. En quelques minutes, l'arrimage des deux véhicules est terminé, mais les commandos ne quittent pas leur VPS. Dans cinq minutes, la manœuvre se répétera dans l'autre sens. Le C-130 va effectuer un « posé d'assaut », un atterrissage tactique destiné à larguer au plus vite, en zone hostile et parfois même sous le feu de l'ennemi, sa cargaison. L'avion effectue deux boucles en l'air au-dessus de la mer, puis réduit un peu sa vitesse avant de piquer littéralement vers la piste. Se redressant presque au dernier moment, il se pose et, tout en continuant à rouler, ouvre sa tranche arrière pour permettre aux forces spéciales de quitter le bord, avant de redécoller à nouveau dans le ciel de Corse. Bien qu'à dominante terrestre, « Gorgones » 2015 a aussi contribué à développer les synergies entre les différentes composantes des forces armées, avec, notamment une forte participation d'unités de l'armée de l'air : l'escadron Poitou et CPA10, bien sûr, mais aussi un Caracal et son équipage de l'escadron d'hélicoptères 1/67 Pyrénées, des Mirage 2000 des bases de Nancy et Orange et deux Rafale du régiment de chasse 2/30 Normandie-Niemen qui ont effectué des missions de *close air support* (appui aérien rapproché) et d'interdiction de l'espace aérien.

Depuis sa création en 2002, la BFST a participé à de nombreuses opérations : « Licorne » en Côte d'Ivoire, « Serval » au Mali, en Centrafrique avec la Task Force Auriga, ainsi que dans le cadre de l'opération « Barkhane », au Burkina Faso, Mali, Mauritanie, Niger et Tchad, où ils ont traqué les « groupes armés terroristes » (GAT) avec l'appui des forces conventionnelles… Mais aussi en Afghanistan (opération *Enduring Freedom* et opération « Arès »). Le plus souvent, la plupart de leurs actions demeurent classées secret-défense. Mais, parfois, l'information filtre. On a ainsi appris que ce sont des membres du 1er RPIMa, venus de leur base sahélienne de Ouagadougou, au Burkina Faso, qui ont neutralisé les djihadistes qui avaient pris d'assaut l'hôtel Radisson Blu de Bamako le 20 novembre dernier. De même, ce sont des forces spéciales de la BFST qui, le 6 avril 2015, ont contribué à la libération de l'otage néerlandais Sjaak Rijke après trois années de captivité passées aux mains d'un groupe islamiste au nord du Mali.

Unité action de la BFST, le 1er RPIMa est spécialisé dans le contre-terrorisme, la libération d'otage, la protection rapprochée de personnalités, le combat en zone désertique, montagneuse, urbaine ou en jungle, la destruction d'objectifs sensibles, l'infiltration par voie fluviale (aquatique, subaquatique) ou le saut opérationnel à très grande hauteur sous oxygène, etc. Le 13e régiment de dragons parachutistes est une unité très atypique spécialisée dans toutes les phases d'acquisition du renseignement militaire. Au « 13 », le silence est d'or et la discrétion l'une des plus grandes vertus. « *Nous misons d'abord et avant tout sur l'humain,* explique un officier supérieur. *Rien ne peut remplacer l'expertise humaine. C'est pourquoi nos opérateurs aéroportés maîtrisent à la fois les différents moyens d'infiltration, dans les milieux les plus extrêmes, et les outils d'analyse et de recherche d'information.* »

ENTRAÎNEMENTS RÉALISTES. « *L'exercice "Gorgones" est l'entraînement annuel majeur des unités de la brigade des forces spéciales terre, explique le général Pierre Liot de Nortbécourt, commandant la BFST depuis 2013.*

Centré notamment sur le contre-terrorisme et la libération d'otage, il vise à entraîner techniquement et tactiquement, dans les conditions les plus réalistes possible, les forces spéciales terre. À la disposition opérationnelle du Commandement des opérations spéciales (COS), structure interarmées chargée de la conduite de l'ensemble des missions spéciales, basé à Villacoublay, près de Paris, et directement rattachée au chef d'état-major des armées (CEMA), et de la Direction du renseignement militaire (DRM), la brigade est forte de plus de 2 000 hommes. Rassemblée dans le sud-ouest de la France, elle s'appuie sur les savoir-faire particuliers de ses différentes composantes pour couvrir l'ensemble du spectre des opérations d'aujourd'hui. En clair : l'acquisition des "informations" est effectuée par le 13e RDP, et le ▸▸

Le plus souvent, la plupart de leurs actions demeurent classées secret-défense.

Au « 13 », le silence est d'or et la discrétion l'une des plus grandes vertus.

1er RPIMa mène l'opération, les deux unités étant aérotransportées et appuyées par le 4e RHFS, tandis que la Compagnie de commandement et de transmissions des forces spéciales (CCT FS) assure la liaison des opérations. Mais, pour répondre à la montée en puissance de ses missions et la mobilisation toujours plus importante de ses ressources humaines et matérielles, la brigade s'appuie de plus en plus sur des structures interarmes mobiles et expertes. »

Dans cet esprit, dans le cadre des réformes de l'armée de terre et pour mutualiser encore davantage les savoir-faire, un groupe d'appui aux opérations spéciales (GAOS) a été récemment mis en place. « *Le GAOS constitue un réservoir de forces spécialisées, capable de travailler au pied levé avec les unités de la BFST,* explique un colonel. *Il permet une meilleure articulation entre forces spéciales et forces conventionnelles dans des domaines aussi variés que les transmissions, l'analyse et l'interprétation des différents systèmes d'imagerie, la guerre électronique, la topographie et la cartographie. Mais il met aussi en action des spécialistes en intervention "nucléaire, radiologique, biologique et chimique" (NRBC), des équipes cynophiles d'attaque ou de recherche d'explosifs, des experts en déminage, en aménagement et sécurisation de zone d'atterrissage ou de camp isolé, comme des spécialistes capables de fournir un appui feu à l'aide de mortier de 120 par exemple.* » Mais il serait faux de croire que tous les conflits actuels pourront être résolus avec les seules forces spéciales. Les unités conventionnelles jouent aussi un rôle déterminant dans la conduite des opérations. « *Dans les faits, poursuit notre colonel, la stratégie des forces spéciales s'est adaptée aux nouvelles formes de la lutte antiterroriste et aux évolutions de la menace. Des groupes qui n'opposent pas à nos forces militaires un défi de puissance, mais qui cherchent à déstabiliser, en préservant leurs zones d'impunité. C'est là qu'il faut aller les chercher et être aussi rapide que l'adversaire, le frapper, et disparaître. Notre combat n'est qu'une partie de celui mené conjointement par l'ensemble des forces de l'armée française. Nous avons besoin les uns des autres. C'est la clé de la réussite.* » ■

Juin 2017 à Mossoul, en Irak : les forces spéciales françaises recherchent nos ressortissants qui ont épousé la cause de l'État islamique.

Par Thierry Oberlé, article du figaro.fr du 5 juin 2017

LES ARCHIVES DU FIGARO

Paris traque les Français de l'EI à Mossoul

Plus de sept mois après son déclenchement, la bataille de Mossoul est entrée dans sa dernière phase. Les forces irakiennes appuyées par la coalition internationale conduite par les États-Unis achèvent l'encerclement des djihadistes dans un réduit de 10 km^2 comprenant la médina de Mossoul et la grande mosquée de la deuxième ville d'Irak où Abou Bakr al-Baghdadi, le chef de l'État islamique, proclama son califat voilà bientôt trois ans, le 29 juin 2014. Toujours aussi âpres, les combats se poursuivent désormais de pâté de maisons en pâté de maisons avec le soutien du canon et de frappes aériennes. Les djihadistes qui comptent des Français dans leurs rangs résistent avec acharnement aux assauts de la division de réaction d'urgence (ERD), une force d'élite du ministère de l'Intérieur, et de la police fédérale. Ils retiennent en otages des dizaines de milliers d'habitants pris au piège. Les habitants qui tentent de franchir la ligne de front sont abattus. Dans la vieille ville, une partie d'entre eux souffre de famine. ▸▸

« L'un de nos rapports indique la présence de trente Français dans Mossoul-Ouest, 15 % des étrangers de Daech. »

Affamés, les plus démunis se nourrissent de morceaux de carton trempés dans de l'eau saumâtre. « *Il reste à libérer 5 à 6 % du territoire de Mossoul. Notre problème, ce sont ces gens enfermés dans la vieille ville construite à l'époque des Ottomans. C'est notre principal obstacle à venir. Nous devons opérer de manière quasi chirurgicale, comme un médecin qui opère des cellules cancéreuses. Nous sommes d'une extrême prudence et nous ne pouvons pas nous baser uniquement sur des bombardements pour avancer* », explique au *Figaro* le major-général Najim Abdullah al-Jibouri, le commandant en chef des opérations pour la libération de la province de Mossoul. Installé dans une villa du nord-est de la ville, le patron de la campagne militaire ne s'aventure dans aucun pronostic sur la date de la prise définitive de la ville. Selon toute vraisemblance, les affrontements vont se poursuivre pendant plusieurs longues semaines. « *C'est une mission difficile ; elle ne se réglera pas en quelques jours* », dit-il.

Nommé par le premier ministre irakien, Haïder al-Abadi, ce général sunnite de 60 ans dirige des forces composées dans leur grande majorité de soldats chiites. De 2005 à 2008, Najim al-Jibouri avait assisté le général américain Stanley McChristal lors des opérations de contre-insurrection menées contre al-Qaida à Tall Afar, un bastion historique des djihadistes situé entre Mossoul et la frontière syrienne. Il insiste sur le rôle de la coalition internationale contre l'État islamique : « *Sans son soutien, notre mission est presque impossible. La coalition est nos mains et nos pieds. Elle ne fournit pas seulement des frappes d'une extrême précision. C'est aussi de la surveillance aérienne, des munitions pour nos tanks et nos armes. Ce sont des conseillers et des informations des services de renseignement.* »

LA CRAINTE DE « REVENANTS ». Le général al-Jibouri estime à moins d'un millier le nombre de combattants de Daech acculés dans Mossoul-Ouest. « *Nous avons plusieurs rapports des services de renseignements sur ce sujet. Ils sont parfois contradictoires, mais selon nous, il reste environ 750 djihadistes locaux et 200 djihadistes étrangers avec leurs familles. Ce sont les chiffres les plus proches de la réalité* », assure-t-il. Des Français figurent dans la liste. « *L'un des rapports indique la présence de trente Français dans Mossoul-Ouest* », précise-t-il. Les djihadistes français représentent ainsi 15 % des effectifs étrangers de l'EI, soit une part non négligeable du contingent de combattants non irakiens encore en activité. Le général al-Jibouri ajoute : « *S'ils nous combattent, nous les combattrons, s'ils se rendent c'est différent, mais normalement, les djihadistes étrangers ne se rendent jamais.* »

Les propos du patron de la campagne pour la libération de Mossoul prennent un relief particulier après la publication la semaine dernière par le *Wall Street Journal* (*WSJ*) d'une enquête sur les dessous de la traque des djihadistes français. Selon le quotidien américain, les forces spéciales françaises ont fourni au contre-terrorisme irakien une liste de vingt-sept noms, accompagnée de photos pour cinq d'entre eux. L'objectif est d'empêcher ces Français ainsi que d'autres francophones, notamment des Belges, de devenir des « revenants » susceptibles de retourner dans leur pays d'origine pour y commettre des attaques. Le relevé, établi au début de la bataille pour la reprise de Mossoul en octobre 2016, est mis à jour à chaque disparition, écrit le *WSJ*, qui a pu le consulter. Les forces irakiennes ont déjà tué un certain nombre de ces djihadistes, révèle l'article. Elles disposent de renseignements et de coordonnées de localisation fournis par les forces françaises.

USAGE DES DRÔNES. Une quarantaine de membres des forces spéciales françaises cherchent à localiser ces francophones à l'aide de drones d'observation et d'interception de conversations radio, croit savoir le *WSJ*. Ce commando de l'ombre collecte aussi directement du renseignement dans les quartiers repris à l'EI, fouillant des maisons abandonnées par des djihadistes à la recherche d'indices. En avril, ils auraient vérifié l'identité de blessés dans un hôpital de la vieille ville transformé en camp retranché. « *Les conditions des combats dans la ville ne permettent pas de distinguer les nationalités au sein des groupes djihadistes. Il y a un travail de renseignement qui est fait conjointement pour appuyer ces opérations* », indique-t-on à Paris à l'état-major des armées. Le quotidien américain s'interroge sur la légalité de ces opérations « homos » (homicides). Il évoque un accord secret franco-irakien signé en marge de la coopération entre l'Irak et la coalition. Officiellement, la Task Force Narvik – une quarantaine d'hommes – conseille aux côtés des Américains les forces spéciales irakiennes de l'Iraqi Counter Terrorism Service, engagées en première ligne à Mossoul. L'opération française « Chammal » comprend aussi une partie de formation de troupes d'élite locales délivrée à Bagdad. À la différence des autres nations engagées dans le conflit, les Français ont la particularité de partager jour et nuit le quotidien des militaires irakiens qu'ils entraînent. « *Le combat en zone urbaine prend du temps… Et la progression est lente, car nous ne voulons pas laisser d'îlots de résistance derrière nous* », expliquait récemment au *Figaro* le capitaine Niels, l'un des formateurs français *(voir nos éditions du 27 avril 2017)* à propos de la future mission de ses « élèves ».

Interrogé en janvier à Bagdad, François Hollande avait estimé à 60 le nombre de djihadistes français dans Mossoul, soit deux fois plus qu'en juin. « *Nous ferons en sorte qu'ils soient mis hors d'état de nuire*, avait-il affirmé. *S'ils sont pris par les Irakiens, ils seront condamnés par la justice irakienne, et par la justice française s'ils reviennent.* » Cette ligne de conduite n'a pas été modifiée par son successeur. ■

« Les conditions de combat dans la ville ne permettent pas de distinguer la nationalité des djihadistes. »

Amiral Laurent Isnard
« Les forces spéciales resserrent leurs liens avec l'industrie »

LES ARCHIVES DU FIGARO

Le patron des commandos explique au « Figaro » comment ses hommes utilisent le high-tech et se tournent vers des start-up.

Par Véronique Guillermard, article paru dans « Le Figaro Économie » du 26 novembre 2018

Quelque 160 produits militaires ont été présentés lors du premier Forum Innovation Défense qui vient de fermer ses portes à Paris. L'amiral Laurent Isnard, commandant des opérations spéciales, explique, dans son premier entretien à la presse économique, comment ses commandos travaillent avec les start-up et les grands groupes afin de raccourcir le cycle de commercialisation des nouveaux équipements.

LE FIGARO.- Pourquoi les forces spéciales (FS), qui ont leur propre salon, ont-elles participé au Forum Innovation Défense organisé par le ministère des Armées ?

Amiral Laurent ISNARD.- L'innovation est une priorité stratégique pour la ministre des Armées, Florence Parly, et l'ensemble du ministère. La devise du Commandement des opérations spéciales (COS), c'est « faire autrement ». Autant dire que l'innovation est dans l'ADN de nos commandos, de nos pilotes, de nos mécaniciens... Notre objectif est d'être créatif afin de trouver la solution la plus efficace pour conduire une opération à l'étranger, récolter des renseignements dans des pays en crise, former des partenaires et neutraliser l'ennemi dans le cadre de la lutte contre le terrorisme hors des frontières françaises. L'innovation est un état d'esprit. Notre participation à ce forum est naturelle. Nous y montrons un échantillon des produits innovants.

Cape d'invisibilité, jambe bionique… Ces innovations semblent tout droit sorties de films de science-fiction…
Sur le terrain, nous avons déjà été confrontés à des ennemis munis de capes de protection contre les caméras thermiques ou de vision jour et nuit, qui rendent invisibles. Nous ne présentons pas des gadgets à la James Bond ! Ce sont des solutions technologiques testées et utilisées en opération tous les jours. Nous montrons, par exemple, un système de traitement numérisé d'images développé par une PME française, InPixal, destiné aux pilotes d'hélicoptères Gazelle et Tigre ; des jumelles développées en coopération avec Safran, qui permettent à nos tireurs d'élite de neutraliser des cibles mouvantes ou encore de nouveaux missiles mis au point avec MBDA, qui peuvent être tirés à partir de nos embarcations pneumatiques.

Les FS et les entreprises doivent-elles davantage travailler ensemble ?
Les forces spéciales travaillent déjà avec des start-up, des PME et de grands groupes. Traditionnellement, nos commandos testent en premier les nouveaux matériels en conditions réelles et partagent avec l'industrie leur retour d'expérience. Ce qui permet de faire mûrir très vite les technologies et de les commercialiser. Nous souhaitons resserrer nos liens avec l'industrie en travaillant encore plus en amont, dès l'idée et la phase de conception, afin de garder ce temps d'avance sur l'ennemi, à une époque où la technologie accélère.

Pourquoi la cellule innovation des FS n'a-t-elle pas intégré la nouvelle Agence de l'innovation de défense ?
Lors de leur création, en 1992, les forces spéciales ont été dotées d'un budget et d'une cellule en propre, la CIEPCOS (Commission interarmées d'études pratiques concernant les opérations spéciales). Je valide entre 40 et 80 projets par an, soumis par nos combattants et accompagnés par l'industrie. Nous sommes dans une logique *bottom-up* avec des projets et de bonnes idées qui remontent du terrain, du monde civil, des entreprises, start-up, laboratoires… L'Agence de l'innovation de défense (AID) obéit à la même logique, la CIEPCOS agissant en subsidiarité d'une coordination globale. AID et CIEPCOS ont pour objectif d'identifier les technologies de rupture dans une logique *top-down*. Je sais que nous travaillerons en bonne intelligence avec l'Agence de l'innovation.

Les forces spéciales françaises sont-elles à la pointe de la technologie, comparées à leurs homologues américaines et britanniques ?
Oui. Nous sommes dans le trio de tête, aux côtés des États-Unis et de la Grande-Bretagne. Ces trois nations ont des FS disposant d'équipements technologiquement avancés, déployés en opération et de combattants aguerris entraînés à toutes les situations. Nous sommes au niveau. Nous le resterons en conservant notre avance technologique et nos compétences humaines. Le « tout-techno » n'est pas la solution. Nous avons par exemple besoin de renseignement humain, collecté sur le terrain parmi les populations.

La loi de programmation militaire (LPM 2018-2022) répond-elle au besoin de modernisation des équipements des FS ? Vous aviez estimé les besoins à 250 millions d'euros sur sept ans.
Nous avons obtenu que l'acquisition des matériels dont nous avons besoin soit inscrite dans la LPM. Mais les budgets alloués ne traduisent pas la globalité de ce que fait le COS, qui recourt régulièrement aux moyens des armées pour réaliser ses missions (bateaux, avions, antennes chirurgicales). À la fin de la LPM, nous aurons notamment obtenu les hélicoptères NH 90 FS et les véhicules commando absolument nécessaires. Prochainement, nous disposerons des drones Reaper armés. J'ai également besoin de recruter et de fidéliser de nouveaux profils pour intégrer, au sein de nos forces, de nouveaux métiers liés au numérique incluant l'intelligence artificielle et l'exploitation du big data.

Les FS vont-elles créer un département spatial et cyberespace ?
Je suis un client de l'espace car j'utilise les satellites pour l'image et les relais de transmission. Mais ce domaine de lutte est du ressort du Commandement interarmées de l'espace (CIE). Nous sommes aussi un acteur du champ de bataille numérique, considéré par les armées comme un nouvel espace de confrontations. Mais pour des raisons évidentes de respect du secret des opérations, je ne peux détailler notre implication. ■

Crédits photos :

PHOTO DE COUVERTURE : VINCENT BEGON/ECPAD/DÉFENSE
PHOTO DU SOMMAIRE : AFP
ILLUSTRATIONS DE L'ÉDITORIAL : FABIEN CLAIREFOND

GRAND ENTRETIEN AVEC LE GÉNÉRAL PUGA : LUDOVIC MARIN/AFP ; SÉBASTIEN SORIANO/LE FIGARO ; GRÉGOIRE ÉLODIE/ABACA ; POOL NEW/REUTERS ; PRÉSIDENCE DE LA RÉPUBLIQUE/REA

OPÉRATION « LE PONANT » : ECPAD/SERGENT DUPONT SÉBASTIEN/ABACAPRESS ; PATRICK ROBERT - CORBIS/VIA GETTY IMAGES ; DEFENCE MINISTRY/ABACAPRESS ; ECPAD/DEFENSE.GOUV ; SGT DUPONT SÉBASTIEN/ECPAD

PRISE D'OTAGES DU VOL AIR FRANCE 8969 : WILLIAM STEVENS/GAMMA-RAPHO ; HOCINE ZAOURAR/AFP ; INA.FR ; ÉRIC CAMOIN ; GIGN

RAID SUR KOLWEZI : AFP/UPI PHOTO ; COLLECTION PERSONNELLE S. COEVOET ; PATRICK CHAUVEL ; MICHEL ARTAULT/GAMMA-RAPHO ; HENRI BUREAU/CORBIS/VCG VIA GETTY IMAGES ; ANONYMOUS/AP/SIPA ; VANEES/UPI/AFP

COMBAT DU PONT DE VRBANJA, SARAJEVO : COL STEIGER ; ECPAD - DOMINIQUE VIOLA ; ECPAD ; COL STEIGER ; GEORGES MERILLON/LE FIGARO MAGAZINE

OPÉRATION « NEPTUNE SPEAR », MORT D'OUSSAMA BEN LADEN : ANJUM NAVEED/ASSOCIATED PRESS ; ANN RONAN PICTURE LIBRARY/PHOTO12/AFP ; MIR HAMID/ DAILY DAWN/HACHETTE PHOTOS PRESSE ; PETE SOUZA/THE WHITE HOUSE ; CIA/DOMAINE PUBLIC ;

OPÉRATION ENTEBBE : MOOKIE BETSER/SHLOMO RIZMAN ; KEYSTONE/GETTY IMAGES ; GOVERNMENT PRESS OFFICE/MOSHE MILNER ; WILLIAM KAREL/GAMMA ; GETTYIMAGES/BETTMANN ARCHIVE ; OLIVIER FITOUSSI POUR « LE FIGARO »

SOMALIE, TENTATIVE DE LIBÉRATION DE DENIS ALLEX : ABDULRASHID ABDULLE/MOHAMED ABDIWAHAB/AFP ; IAN LANGSDON/EPA/MAXPPP

IRAN, OPÉRATION « EAGLE CLAW » : A. ABBAS/MAGNUM PHOTOS ; AFP ; AP ; BOB BURGESS/DPA PICTURE-ALLIANCE/AFP

PRISE D'OTAGES DE LOYADA, SOMALIE : JACK GAROFALO/PARISMATCH/SCOOP

LIBÉRATION DES OTAGES À LA MOSQUÉE DE LA MECQUE : AFP ; FRANCOIS LOCHON/GAMMA-RAPHO VIA GETTY IMAGES ; COLLECTION PRIVÉE